BIBLIOTHÈQUE
DE PHILOSOPHIE CONTEMPORAINE

AGNOSTICISME

ESSAI
SUR QUELQUES THÉORIES PESSIMISTES
DE LA CONNAISSANCE

PAR

E. DE ROBERTY

PARIS
ANCIENNE LIBRAIRIE GERMER BAILLIÈRE ET Cⁱᵉ
FÉLIX ALCAN, ÉDITEUR
108, BOULEVARD SAINT-GERMAIN, 108

1892

AGNOSTICISME

AGNOSTICISME

ESSAI

SUR QUELQUES THÉORIES PESSIMISTES

DE LA CONNAISSANCE

PAR

E. DE ROBERTY

PARIS

ANCIENNE LIBRAIRIE GERMER BAILLIÈRE ET Cⁱᵉ

FÉLIX ALCAN, ÉDITEUR

108, BOULEVARD SAINT-GERMAIN, 108

—

1892

AVANT-PROPOS

Les théories pessimistes de la connaissance envisagées en ces pages appartiennent au grand courant agnostique — je pourrais aussi bien dire métaphysique — qui a si fortement influencé notre époque. Cet opuscule se peut donc considérer comme une suite de mon essai sur la métaphysique et la psychologie de l'Inconnaissable, et comme le complément de mon dernier volume sur la Philosophie du siècle. Néanmoins, cet écrit n'aurait pas été publié à part, si je l'eusse pensé capable d'intéresser uniquement les lecteurs de mes précédents ouvrages.

E. DE R.

Paris, janvier 1892.

AGNOSTICISME

INTRODUCTION

I

« J'accepte les graves leçons qui émanent de l'Incognoscible. La raison a la prétention de tout rationaliser, soit dit sans pléonasme. L'Incognoscible s'oppose directement à cette tendance téméraire, et il s'y oppose sans plus ample informé, sans discussion et par sa seule présence. Il me suffit de le contempler sur le trône de sa sombre grandeur pour me dégager de tous les dogmatismes, spiritualistes ou matérialistes [1]. »

Ainsi parle Littré, le disciple le plus autorisé d'Auguste Comte. Mais la contemplation de l'Incognoscible occupa constamment le métaphysicien et, tout d'abord, le théologien. Les dogmatismes religieux et philosophique n'eurent jamais d'allié plus ferme que cette doctrine. Et cela semble vrai aujourd'hui encore.

On en peut juger par la situation actuelle du problème de la connaissance. Quel profit la philosophie contemporaine tira-t-elle de l'accroissement de matériaux et de moyens d'enquête dus aux récents progrès en biologie et en psychologie? Poser cette question suffit pour montrer combien de tels avantages paraissent douteux.

1. Revue, *La philosophie positive*, t. XXIV (1880), p. 49.

Les penseurs modernes s'attardent, se complaisent même aux vieilles explications.

Beaucoup suivent ouvertement l'ornière sensualiste. Subordonnant le monde des idées au milieu vivant déduit du milieu extérieur, ils proclament la suprématie de l'expérience et l'origine objective de nos concepts; ils affirment l'impossibilité de sortir du phénomène organique, hypothétiquement posé comme fait ultime, comme raison dernière des choses.

D'autres demeurent attachés au culte des idoles idéalistes. Ceux-ci nous parlent de formes ou de moules dans lesquels l'expérience jette la matière brute du savoir; ils défendent la suprématie de l'idée pure et l'origine subjective des concepts; ils invoquent la vanité de toute science dépassant le pouvoir de l'idée, et

attestent l'impossibilité de sortir du phénomène idéologique, hypothétiquement
posé comme fait ultime, comme explication dernière des événements.

D'aucuns, enfin, accordent leurs préférences aux théories simplistes du matérialisme et reculent ainsi la difficulté sans
la résoudre. Pour eux, l'insondable
énigme, ce n'est ni la vie, ni la pensée,
mais la matière et le mouvement.

II

On a souvent insisté sur le contraste
offert par ces deux ordres de spéculations,
la science et la philosophie.

L'une nous semble avancer vers un
horizon fuyant et mobile. Sans cesse elle
multiplie le nombre des faits tombant sous

les sens d'une manière directe ou indirecte, et sa sphère d'action subit des
changements perpétuels, bien qu'elle se
délimite avec beaucoup d'exactitude.

Un caractère différent marque le
domaine limitrophe, le vaste inconnu
revendiqué par la métaphysique. Nous ne
pouvons mesurer ou supputer sa valeur
sans nous contredire d'une façon grossière
et évidente.

Le concept de l'inconnaissable ne ferait-
il donc que déguiser le signe mental indi-
quant ce couple d'expériences journalières
reliées par un rapport de cause à effet :
l'indétermination nécessaire du domaine
de l'inconnu, et la mobilité des limites
scientifiques qui garantit la nature essentiellement progressive du savoir humain?

Telle n'est certes pas la signification
que la philosophie attribua toujours à ce

terme équivoque du langage abstrait. On l'appliquait indistinctement soit aux idées scientifiques, aux connaissances exactes empruntées à l'expérience, soit aux idées philosophiques, aux notions vagues, aux suppositions générales fournies par l'observation et la sagesse vulgaires. Il se créait ainsi, entre les unes et les autres, une confusion regrettable.

Dans l'univers à peine soumis à quelques grandes lois naturelles, on affirmait, non pas l'*absence* présumée, mais la *présence* effective de certaines bornes à jamais infranchissables pour la faiblesse de notre esprit. Les philosophes jugeaient avoir suffisamment exploré l'inconnu pour y tracer des lignes frontières et en exclure une partie scrupuleusement réservée. Ils allaient plus loin. Ils désignaient par des noms les concepts et les groupes de concepts symbolisant certains *phénomènes* qui perdaient, à leurs yeux, ce caractère, et leur apparaissaient, par suite, comme *noumènes*.

La loi de l'identité des contraires trouve ici une application directe. Le philosophe atteint d'emblée les plus hautes généralités; il les définit lui-même comme ne pouvant rentrer dans des *genres* plus vastes. Mais, en de semblables conditions, les *espèces* s'identifient, et la négation opposée à l'affirmation ne signifie plus rien. Si donc l'on concluait à la réalité de l'inconnaissable, on ne nous apprendrait pas davantage que si l'on rejetait cette hypothèse.

III

Une obscurité profonde voile les fondements de nos croyances scientifiques et philosophiques, les questions sur l'origine et la valeur de nos connaissances, les principes de la certitude.

Il est possible que la philosophie eût pu faire mieux que de s'aventurer en ces ténèbres; il demeure acquis qu'elle n'a pas fait autre chose. Mais, en ce périple, elle dut malheureusement prendre pour guide le sens commun sujet à tant d'erreurs, et l'observation ordinaire, si notoirement incapable de corriger ses propres fautes.

Il en advint ce qui arrive régulièrement en pareil cas : les problèmes agités par les philosophes n'avancèrent pas d'une ligne. « Tels ils se sont offerts confusément aux génies méditatifs dès les premiers âges de l'humanité, tels ils se présentent, mais plus nettement exprimés, aux esprits éclairés des lumières de la science moderne, polis par la culture des lettres et des arts [1]. »

Quel enseignement dérive de ce fait indiscutable? Dirons-nous avec Voltaire : « la philosophie se compose de choses que tout le monde sait et de choses que personne ne saura jamais »? Ou bien affirmerons-nous avec Montaigne méditant sur les phénomènes qui passent notre portée : « l'ignorance et l'incuriosité sont deux oreillers bien doux pour une tête bien faite »?

1. Cf. Cournot, *Essai sur les fondements de nos connaissances*, t. II, p. 217 et suiv.

Partant d'une observation plusieurs fois séculaire, la philosophie conclut à l'insolubilité radicale de certaines catégories de questions. Tout l'y sollicite et l'y convie : son histoire, son état actuel et un troisième facteur, l'atavisme inconscient qui inscrit sur l'esprit moderne la trace obscure de l'esprit passé.

Aux faits précis prouvant le caractère progressif du savoir particulier, la philosophie oppose l'expérience démontrant le caractère stationnaire du savoir général. Mais elle ne voit pas que cette seconde expérience forme justement la contre-épreuve de la première, comparable au procédé qui consiste à jeter un grain dans le sol fertile, puis un autre dans le sable stérilisé, afin de déterminer les conditions de croissance d'une plante. Elle ne désire pas — et cela est très humain — se reconnaître dans le sable stérilisé. Elle aime mieux s'en prendre au grain qu'elle cultive. Elle décrète purement et simplement l'Inconnaissable.

IV

La logique, quand on a soin de ne pas en fausser l'application, semble bien la chose la plus intraitable au monde. Aussi, pour saisir la portée réelle de quelques postulats généralement admis, faut-il de préférence s'adresser aux esprits qui ne reculent devant aucun corollaire engendré par de telles prémisses.

Je connais, pour ma part, un de ces logiciens de l'Inconnaissable, je crois même le plus intransigeant de tous. Il

pose et résout le problème qui nous
occupe avec une simplicité étonnante.
Pour lui, les questions se distribuent en
deux classes : les unes germent toujours
et se résolvent constamment, ce sont les
questions scientifiques; les autres ne
germent jamais, et paraissent essentiellement insolubles, ce sont les questions
philosophiques.

Insoluble et philosophique constituent
ainsi un véritable couple de synonymes.
« Il impliquerait contradiction, dit Cournot [1], que l'on pût attendre des progrès
de la connaissance scientifique la solution positive et expérimentale d'une
question philosophique. Si l'on ne pouvait pas discerner *a priori* le caractère
philosophique d'une question, on le

1. Cournot, *Essai sur les fondements de nos connaissances*, t. II, p. 252.

reconnaîtrait *a posteriori* et par induc-
tion, en voyant que les progrès des connaissances positives maintiennent la
question dans son état d'indétermination
scientifique. » Et il nous prémunit contre
l'erreur qui consiste à « confondre avec
les questions vraiment philosophiques les
hypothèses sur des faits inaccessibles à
l'observation, soit dans l'état provisoire
de nos connaissances, soit à cause des
limites que les circonstances mettent à
l'extension de nos moyens d'observation
et d'expérience. » — « Il est plus que
probable, ajoute-t-il, que l'observation ne
décidera jamais ce qu'il faut penser de
l'ingénieuse hypothèse de la pluralité des
mondes, etc., etc... Toutefois, les obs-
tacles qui rendent de pareilles observations impraticables, tiennent à des circonstances accidentelles et accessoires

plutôt qu'à des raisons essentielles...
Au contraire, il répugnerait à la raison
qu'on pût... arriver à résoudre expé-
rimentalement la question de savoir si
le monde est ou non limité dans l'espace, à saisir les premiers éléments de
la matière, à trancher par l'expérience
la question du vide, des atomes, de l'action à distance [1]..... » Pour Cournot, au
reste, comme pour l'immense majorité
des agnosticistes, la philosophie pénètre
la science de tous côtés : « Partout dans
les sciences nous retrouvons la spéculation philosophique intimement unie à
la partie positive ou proprement scientifique qui comporte le progrès indéfini,
les applications techniques et le contrôle
de l'expérience sensible. »

1. Cournot, *Essai sur les fondements de nos connaissances*, t. II, p. 253-254.

Voilà une condamnation formelle et sévère de la philosophie. Pourquoi nous épuiser dans une tâche qui doit demeurer stérile ?

A cela les agnosticistes conséquents ont une réponse toute prête : « Il est dans la nature de l'homme, rétorquent-ils, de poursuivre incessamment la solution de ces questions mystérieuses, qui ont pour lui un intérêt puissant ; et, soit qu'il puisse ou non atteindre le but, il y a une jouissance secrète attachée aux efforts qu'il fait pour en approcher. La pensée s'élève en approfondissant les conditions d'un problème insoluble, comme en résolvant effectivement un problème de l'ordre scientifique, en découvrant un nouvel être ou en assignant la loi d'une série de phénomènes » [1].

1. Cournot, *ibid.*, p. 217.

Loin de méconnaître la « jouissance secrète » dont on nous parle ici, j'en fais le plus grand cas. Je la considère comme une cause puissante du « phénomène métaphysique ». Mais je n'y aperçois pas l'unique et dernière ressource de l'esprit humain, auquel, ce me semble, il reste encore quelques chances de certitude.

Car il se pourrait que la stagnation de certains problèmes ne fût que la conséquence inévitable des conditions où l'on entreprend de les résoudre. Il se pourrait qu'on eût jeté en une lande aride un grain capable sans doute de germer sur un autre sol. En somme, et de même qu'il ne saurait exister, dans la nature, de faits absolument généraux et abstraits, il se pourrait qu'il n'y eût pas, dans le domaine corrélatif de la con-

naissance, de problèmes à jamais insolubles.

Tous les faits naturels s'affirment
d'abord comme particuliers et concrets.
Ils ne deviennent généraux et abstraits
qu'à la suite d'une série de processus
psychiques constituant eux-mêmes, par
évidence, des faits particuliers et concrets. Mais les questions prétendues
inaccessibles apparaissent manifestement
comme très générales et très abstraites.
Leur insolubilité actuelle ne serait-elle
pas dès lors la conséquence nécessaire
d'une généralisation hâtive, d'une abstraction prématurée? Tout nous autorise à
soutenir cette supposition. Cependant on a
le devoir de bien peser les arguments, d'ailleurs invariables, allégués par les philosophes qui défendent l'hypothèse contraire.

Ces raisons semblent se réduire, en

dernière analyse, à une cause unique :
l'essence, les propriétés de l'esprit humain.
D'aucuns disent, à la vérité, l'essence
des choses, mais voilà, certes, une autre
façon, et fort mauvaise, de qualifier les
propriétés de l'esprit. Or, ces propriétés
précisément se dévoilent à nos yeux avec
une lenteur désespérante. Nous les connaissons d'une manière très imparfaite.
Il se pourrait donc, en définitive, qu'il
n'y eût au fond du débat que dispute sur
les mots, que savoir verbal dissimulant et
couvrant une ignorance temporaire, mais,
hélas! cruelle.

V

En réalité, l'univers que le penseur conçoit à l'aide de symboles très abstraits,

s'offre à nos regards comme un tout formé d'éléments connus et d'éléments inconnus. Ce n'est pourtant là encore qu'une façon de parler, et chaque fois qu'on emploie ce terme : *l'inconnu*, on s'expose à devenir la proie d'une étrange illusion. Car notre conception du monde comprend exclusivement ce que nous *savons* (sentons, apercevons, imaginons, analysons, comparons, etc.) et ne renferme pas la moindre parcelle de ce que nous *ignorons* réellement. Il ne peut donc jamais s'agir, *pour nous*, que de la relation entre deux sortes d'éléments *connus* : l'espèce constituant l'objet de l'investigation scientifique, et celle demeurant en dehors de la science. Cette dernière classe représente *notre* inconnu, toujours *relatif et purement humain*.

Mais une fois agréé ce point de vue,

le seul rationnel et fertile en résultats,
on ne tarde pas à découvrir que la suprématie de l'inconnu se manifeste surtout
au début de l'évolution sociale et intellectuelle. Plus tard, et le domaine du
scientifiquement déterminé s'agrandissant
sans cesse aux dépens de celui de l'indé-
terminé, les anciens rapports se modifient
en essence. Une nouvelle valeur échoit aux
termes de l'équation : le monde $= A + X$
(où A figure le connu, et X l'inconnu, tous
deux foncièrement subjectifs, sinon même
personnels). Dans deux phases consécu-
tives de notre évolution mentale, la
période supranaturaliste et la période
métaphysique, la quantité X domine visi-
blement la quantité A. Immédiatement
après, X tend à devenir inférieur à A.

Je ne pense pas qu'on puisse sérieusement contester la réalité de ce phéno-

mène historique. On ne saurait non plus
méconnaître le sens général du mouvement intellectuel. Il pousse rapidement
à la diminution du nombre absolu des
catégories où se classent les faits encore
étrangers au domaine de la science pure [1].

1. Un phénomène analogue s'observe dans l'évolution de chaque science particulière. Le développement scientifique se présente à nous ainsi qu'une
série ininterrompue d' « états particuliers » de la
science, série dont les membres précédents, quand
on les compare aux suivants, s'offrent à nos yeux
comme des ensembles ou des systèmes de connaissances incomplets et approximatifs. Mais en science,
et aussi en philosophie, ce n'est pas la valeur
future, possible, problématique des quantités dont
on recherche la somme, mais bien leur valeur
actuelle qu'il faut, avant tout, saisir et fixer.

CHAPITRE PREMIER

THÉORIES PESSIMISTES DE LA CONNAISSANCE.
LE CRITICISME.

I

Les grandes idées directrices, les concepts régulateurs de la métaphysique ne
changent guère, d'une époque à une
autre. Ils le pourraient, assurément,
encore moins, dans le court espace d'un
siècle. Aussi préférons-nous, dans les
pages suivantes, nous adresser directement aux maîtres un peu délaissés

aujourd'hui, à Emmanuel Kant et à
Auguste Comte, plutôt qu'à leurs récents
continuateurs.

C'est à l'école critique, et particulièrement à son chef Kant, que revient
l'honneur d'avoir débarrassé l'agnosticisme
des vieilles conceptions théologiques et
métaphysiques. C'est lui qui fraya véritablement le chemin à Comte, à Spencer,
aux matérialistes, aux idéalistes, à la philosophie entière du siècle. Avant eux il
s'efforça de donner une « base expérimentale » à l'Incognoscible. Sur ce sable
mouvant où vinrent s'enliser, après lui,
tant d'intelligences de premier ordre, il
imprima une trace que les pas de ses suc-
cesseurs n'effacèrent point. Elle s'aperçoit nettement encore.

Arrêtons-nous donc quelques instants
sur les idées de Kant, sans nous laisser

rebuter par ce qu'elles semblent offrir aujourd'hui d'archaïque et de naïf. Attachons-nous plutôt à leur conserver cette allure qui les distingue presque avantageusement des subtiles élucubrations contemporaines. Pour ces dernières, leur tour de paraître puériles et démodées viendra, certes, assez vite.

II

Selon Kant, comme selon Schopenhauer, son plus vaillant disciple, la métaphysique se résout, à proprement parler, en un savoir abstrait et fort général dont la marque essentielle consiste à présenter l'univers ainsi qu'un vaste *milieu de phénomènes psychiques* enveloppant

de toutes parts l'existence en soi, l'absolue réalité.

Par les sciences ou leurs philosophies,
cette *mésologie* foncièrement psychologique nous apprend à connaître la nature.
Elle constate ensuite la réalité de la chose
en soi, ou, plus exactement, elle pose
cette réalité comme un postulat fondamental et nécessaire. La métaphysique,
pour Kant, n'a de raison d'exister que si
elle accepte une telle hypothèse, la métaphysique idéaliste que si elle se refuse,
en outre, à concevoir l'être en soi sans
lui attribuer en même temps un caractère hyperorganique ou psychique, idéologique.

Mais en accomplissant cette première
tâche, la métaphysique en aborde nécessairement une deuxième, plus éclatante et
plus méritoire : qu'elle le veuille ou non,

elle nous apprend à connaître l'être en
soi.

A la vérité, cette connaissance paraît se
distinguer profondément du savoir scientifique qui vise le milieu phénoménal. Il
semble, à première vue, qu'un abîme les
sépare. Nous pouvons essayer de plier les
phénomènes qui nous entourent aux exigences multiples de notre nature individuelle et sociale (industrie, art, gouver-
nement des sociétés, etc.). Nous ne
pouvons rien à l'égard de l'être en soi;
rien, sinon affirmer, hypothétiquement,
sa réalité, sinon encore nous en sentir
émus de diverses façons qui, toutes,
cependant, aboutissent, en fin de compte,
à l'état complexe qu'on nomme sentiment
religieux.

Néanmoins si, en présence de ce résultat péniblement atteint par l'idéalisme

critique de Kant et de ses continuateurs, on fait appel aux modestes acquêts que nous possédons déjà en psychologie ; si, surtout, on ne dédaigne pas les faits les plus élémentaires, mais les plus certains, de cette science en formation, on remarque vite combien semble peu fondé le partage du savoir total en espèces et variétés qui ne se laisseraient pas ramener à une classe unique.

On se convainc aussi que les espaces contemplés par l'œil du métaphysicien, mais que l'homme ordinaire et le savant se dispensent de percevoir, ne peuvent être que des illusions, des aberrations mentales, conséquences forcées de l'état actuel des sciences les plus complexes.

Et une telle conclusion acquiert plus de poids encore par l'observation suivante. Le milieu phénoménal apparaît comme connaissable chez les agnosticistes dans la mesure exacte où cela leur semble nécessaire pour faire ressortir son contraste avec l'être en soi. Cet effet une fois obtenu, on ne se contraint plus pour nous montrer la science particulière venant se heurter toujours et partout à l'Incognoscible.

III

« Les choses que nous percevons, affirme Kant, ne sont pas en elles-mêmes telles que nous les percevons, et leurs rapports ne sont pas non plus réellement ce qu'ils nous apparaissent; si nous faisons abstraction de notre sujet ou seulement de la constitution subjective de nos sens en général, toutes les propriétés, tous

les rapports des objets dans l'espace et
dans le temps, l'espace et le temps eux-
mêmes s'évanouissent, parce que rien de
tout cela, comme phénomène, ne peut
exister en soi, mais seulement en nous.
Quant à la nature des objets considérés en
eux-mêmes et indépendamment de toute
cette réceptivité de notre sensibilité, elle
nous demeure entièrement inconnue. Nous
ne connaissons rien de ces objets que la
manière dont nous les percevons; et cette
manière, qui nous est propre, peut fort
bien n'être pas nécessaire à tous les êtres,
bien qu'elle le soit à tous les hommes. »

« Cette réceptivité de notre capacité de
connaître, que l'on nomme sensibilité, dit
plus loin Kant, demeurerait toujours profondément distincte de la connaissance de
l'objet en soi, quand même on parvien-
drait à pénétrer le phénomène jusqu'au

fond... Ainsi, on ne peut dire que la sensibilité nous fasse connaître obscurément la nature des choses en soi, puisqu'elle ne nous la fait pas connaître du tout; et, dès que nous faisons abstraction de notre constitution subjective, l'objet représenté, avec les propriétés que lui attribuait l'intuition sensible, ne se trouve plus et ne peut plus se trouver nulle part [1]. »

La pensée de Kant ne prête à nulle équivoque. L'esprit humain, exerçant ses facultés imaginatives, construit avec les données des sens de nombreuses fictions. Il revêt d'apparences arbitraires les faits les plus certains. Il crée ainsi, à volonté, des possibilités conceptuelles qui, vérification faite, sont reconnues le plus souvent comme des impossibilités expérimentales

1. *Critique de la raison pure*, trad. Barni, t. I, p. 97-100.

(tels les concepts d'hippogriffe, de cen-
taure, de sirène, d'homme immortel, etc.).

Parmi ces imaginations et ces concepts,
il s'en trouve trois qui épuisent le contenu
entier de l'Inconnaissable. Cette idée se
réduit soit à la simple fiction d'une autre
réalité que celle ressentie par le genre
humain, soit à la fiction d'un sujet qui
percevrait d'autre façon que le sujet réel;
soit enfin à la fiction que notre organisation cérébrale nous révèle le monde sous
des couleurs trompeuses.

Il n'y a pas lieu de prouver que ce sont
là des hypothèses, non des certitudes.
L'invérifiable forme à la fois le sujet et
le prédicat des propositions verbales qui
servent à les exprimer. Et le concept
qui résume ou généralise tous ces rêves,
l'Inconnaissable, apparaît comme la vraie
chimère, vainement poursuivie par la sa-

gesse commune. Cette sorte de philosophie s'égare volontiers sur des matières qu'elle connaît peu et qui l'intéressent d'autant plus; sur la matière psychologique par exemple. Le savoir confus et désordonné croit pouvoir tirer d'un tel genre de jugements une image plus ou moins exacte de l'univers, une conception du monde.

L'école critique le reconnaît candidement par la bouche de son fondateur. Il est difficile d'être plus clair, du moins quand on s'appelle Kant. Supprimez, en effet, l'organisation cérébrale, ce que Kant nomme notre *constitution subjective*, et il devient évident pour chacun que l'objet, tel qu'il nous apparaissait en vertu de cette subjectivité, ne se retrouvera nulle part. Quand nous sommes morts, nous ne sommes plus en vie, et quand il n'existe pas de représentation possible, la repré-

sentation disparaît! Il ne sert à rien de
construire ironiquement, comme l'essayè-
rent quelques disciples de Kant, cette
tautologie déplacée partout ailleurs qu'en
philosophie, si l'on ne renonce pas à
opposer la représentation cérébrale du
milieu ambiant à l'idée d'un monde non
senti et non représenté, si l'on persiste à
se complaire en la négation stérile et en-
fantine de l'esprit par l'esprit.

IV

« Toutes les représentations, affirme
encore Kant, ont, comme représentations,
leur objet et peuvent être elles-mêmes, à
leur tour, les objets d'autres représentations. Les phénomènes sont les seuls objets
qui puissent nous être immédiatement

donnés, et ce qui s'y rapporte immédiatement à l'objet s'appelle intuition. Or ces
phénomènes ne sont pas des choses en
soi, mais seulement des représentations
qui, à leur tour, ont leur objet, lequel,
par conséquent, ne peut plus être perçu
par nous, et peut être appelé l'objet non
empirique, c'est-à-dire transcendantal
$= X.$ »

« Le concept pur de cet objet transcendantal (qui en réalité dans toutes nos connaissances est toujours identiquement $=$
X) est ce qui peut donner à tous nos concepts empiriques en général un rapport à
un objet, c'est-à-dire de la réalité objective [1]. »

Ainsi donc, Kant, comme plus tard
Spencer qui recourt à une argumentation

1. *Critique de la raison pure*, trad. Barni, t. II,
p. 420.

essentiellement analogue, voit dans « l'Incognoscible » le dernier fondement de toute connaissance expérimentale.

Signalons le double vice qui entache le raisonnement cité plus haut in extenso. C'est d'abord un vice d'élocution, une redite, et ensuite, une application oiseuse de la loi d'identité, un vice de logique qui conduit à faire du sujet son propre attribut.

En effet, lorsque Kant affirme que toute représentation a pour objet un phénomène qui est lui-même une représentation, il défend manifestement la thèse que toute représentation a pour objet une représentation, ou que toute représentation est une représentation. Et quand, après cela, il vient assurer que les phénomènes ou les représentations ont leur objet, lequel ne peut se saisir et constitue l'objet transcendantal $=$ X, il s'expose à nous laisser voir, dans ce nouvel apophtegme, une négation gratuite de la tautologie précédente. Car, si tout phénomène n'est que représentation, soutenir que tout phénomène est autre chose encore que représentation ou phénomène, devient un illogisme brutal.

Kant explique lui-même « qu'il n'y a de *connaissance a priori* possible pour nous que celle *d'objets d'expérience possible* »; soit, en termes plus simples, nous ne pouvons connaître *a priori* que les choses susceptibles de tomber sous l'investigation *a posteriori*. L'inconnaissable que les métaphysiciens découvrent *a priori* doit donc pouvoir se découvrir aussi *a posteriori*. On s'en aperçoit, en effet, lorsqu'on range définitivement ce concept dans la grande classe des non-sens logiques.

V

L'agnosticisme de nos jours, comme l'agnosticisme d'autrefois, se fonde théoriquement sur la séparation du phénomène et du noumène, aussi vieille au moins que la philosophie en Europe. On retrouve cette démarcation chez les prédécesseurs de Socrate, chez les éléates par exemple. Elle occupe aussi une place importante dans les théories de Platon, auquel Aristote reprochait déjà d'avoir inutilement doublé le « monde sensible » d'un « monde intelligible. »

Kant tenta d'introduire dans cette antique opposition un terme moyen. Mais sa doctrine des catégories ou formes de la pensée restera peut-être l'une des plus misérables inventions de la philosophie. Elle n'aboutit qu'à compliquer le phénoménisme externe d'un phénoménisme interne totalement indéfendable. Et les disciples de Kant ont dû vite abandonner l'espoir de transformer cette nouvelle théorie du phénomène en une sorte de nouménisme qui eût permis à la pensée de se tourner à volonté vers le monde des apparences et vers le monde des essences.

« Si je retranche d'une connaissance empirique toute pensée (formée au moyen des catégories), dit Kant, il ne reste aucune connaissance d'un objet... Que si, au contraire, je supprime toute intuition, il reste encore la forme de la pensée, c'est à-dire la manière d'assigner un objet aux éléments divers d'une intuition possible. Les catégories ont donc beaucoup plus de portée que l'intuition sensible [1]. »

Voilà, résumés en une citation textuelle aussi courte que possible, tout l'avantage de la célèbre distinction de Kant et la valeur exacte de son phénoménisme interne.

En termes psychologiques usuels, cette doctrine de la connaissance se traduira strictement ainsi. Deux processus cérébraux se suivent et se compliquent à mesure. Donnez au second, greffé sur le premier, le nom de connaissance, — il est clair, comme le soutient Kant, que le premier ne se rangera pas sous cette rubrique ; tandis que le second, pris isolément (supposition qui ne se vérifie jamais dans les faits réels), méritera encore de s'appeler « forme ou couronnement de la connais-

---

1. *Critique de la raison pure*. t. I, p. 320.

sance ». Il s'ajoute au premier et s'y su-
perpose. Mais alors on ne saurait, en toute
justice, refuser, avec les physiologistes, au
processus antécédent le nom de source ou
fondement de la connaissance.

VI

Toutefois, sauf cette tentative malheu-
reuse, sauf encore, par-ci par-là, quelques illogismes, la *Critique de la raison
pure* contient, sur l'opposition du noumène et du phénomène, des idées dont la
forme nous paraît aujourd'hui vieillie et
naïve, mais dont le fond reste vrai. Je
détache de ces pages si connues les pas-
sages les plus significatifs.

« Le concept d'un noumène, enseigne
Kant, est un concept qui n'est nullement

positif et qui n'indique pas une connaissance déterminée de quelque objet, mais
seulement la pensée de quelque chose en
général, abstraction faite de toute forme
de l'intuition sensible. Pour qu'un noumène signifie un objet véritable, distinct
de tous les phénomènes... il faut que je
sois fondé à *admettre* une autre espèce
d'intuition que l'intuition sensible, à savoir,
l'intuition intellectuelle, qui n'est point la
nôtre et dont nous ne pouvons pas même
apercevoir la possibilité; ce serait alors le
noumène dans le sens positif. La théorie
de la sensibilité est donc en même temps
celle des noumènes dans le sens négatif...
Le concept d'un noumène n'est qu'un *concept limitatif*, destiné à restreindre les
prétentions de la sensibilité, et par conséquent il n'a qu'un usage négatif... On se
plaint de *ne pas apercevoir l'intérieur*

des choses : si l'on veut dire par là que nous ne comprenons point par l'entendement pur ce que peuvent être en soi les choses qui nous apparaissent, c'est là une plainte tout à fait injuste et déraisonnable; car on voudrait pouvoir connaître les choses, par conséquent les percevoir, sans le secours des sens, c'est-à-dire qu'on voudrait avoir une faculté de connaître tout à fait différente de celle de l'homme, non seulement par le degré, mais par l'intuition et la nature, c'est-à-dire encore qu'on voudrait être non plus des hommes, mais des êtres dont nous ne pouvons pas même dire s'ils sont possibles, à plus forte raison comment ils seraient constitués. L'observation et l'analyse des phénomènes pénètrent dans l'intérieur de la nature, et l'on ne peut savoir jusqu'où ce progrès s'étendra avec le temps. Mais, quand même toute la nature nous serait dévoilée, nous ne saurions encore répondre à ces questions transcendantales qui dépassent la nature[1]. »

On ne peut dire d'une façon plus claire que le « concept-limite » forme un concept *émotionnel* par excellence. Kant dépouille ici de son attirail métaphysique la tendance au mieux, à l'idéal. Comme la plupart des phénomènes physiologiques et cérébraux, cette tendance, ainsi que le produit engendré par son accouplement avec l'idée pure, semblent susceptibles d'inversion ou de perversion ; et l'histoire de ces modalités éclaire d'un jour nouveau la genèse du concept de l'Inconnaissable. Le penseur en proie à l'afflux émotif signalé par Kant, l'homme livré au désir d'une autre

1. *Critique*, etc., t. I, p. 316, 318, 321, 340-341.

espèce de savoir que la connaissance expérimentale, le chercheur hanté par l'idée
correspondante à cette impulsion, le philosophe qui finit par succomber à l'action
réunie de ces deux puissants mobiles psychiques produisant l'idée-émotion ou le
concept-limite, ceux-là peuvent incontestablement prendre rang entre les sujets
étudiés par le pathologiste.

Leur erreur est un cas de perversion,
non plus dans le domaine des sensations
auditives, olfactives, etc., ou des sentiments simples, tels que l'attrait des sexes,
mais dans celui des émotions intellectuelles
qui dépendent de l'assouvissement, positif
ou négatif, de besoins parfois aussi vio-
lents et irrésistibles que les appétits physiques. Par ce côté inaperçu ou laissé
volontairement dans l'ombre, la philosophie, je le répète, côtoie la pathologie

mentale. Pour Kant, on l'assimilerait
volontiers au médecin qui décrit admira-
blement les symptômes d'un mal dont il
ne souffre pas moins que ses patients.

VII

Les sentiments si variés d'aspect et de
force que nous inspire la contemplation
de l'*inconnu*, déterminent l'illusion mentale qui substantialise, pour ainsi dire,
notre ignorance, et transforme l'inconnu
en *inconnaissable*. Mais, parvenus à ce
point d'illusion, ces sentiments y prennent
bientôt fin, car ils s'y calment et s'y fixent
sous le nom de « croyance » ou « foi ».

Voilà même, peut-être, le sens exact
de ce terme du langage philosophique. La
croyance cristallise les émotions intellec-

tuelles dérivées de l'inconnu. Cessant d'offrir un but à la connaissance, l'inconnu devient, sous le nom d'inconnaissable, un objet de foi. Il est transporté du domaine de la raison dans la sphère mixte où le sentiment s'associe, d'une manière indissoluble, au travail intellectuel.

Qu'on me permette à ce sujet de citer quelques lignes d'une lettre que M. Tarde, l'éminent sociologiste, m'adressait naguère à propos de mon livre sur l'Inconnaissable. Elles appellent la méditation de tous ceux qui confondent encore *la réalité de l'inconnu* avec *l'affirmation de l'inconnaissable*, sans voir que ces deux thèses représentent deux états psychiques et deux régimes mentaux très différents.

« Au terme de vos spéculations, m'écrit M. Tarde, vous donnez une définition de

Dieu, « Dieu, c'est le néant », que les théologiens ont, en somme, lieu de préférer à celle de Proudhon : « Dieu, c'est le mal. » Je me souviens avoir été conduit, jadis, par une autre voie logique, à une formule différente mais voisine de la vôtre : « Dieu, c'est l'impossible », c'est-à-dire la Perfection en tout ordre de faits. A dire vrai, quoi qu'on pense, ne faut-il pas toujours faire la part, je ne dis pas de l'Inconnaissable, mais de l'Inconnu ? Affirmer l'inconnu, n'est-ce pas utiliser notre ignorance même ? Et n'est-elle pas assez étendue pour mériter d'être utilisée ? En ceci je ne crois pas, du reste, contredire votre pensée... »

M. Tarde a grandement raison. C'est œuvre fort utile que de confesser notre ignorance en affirmant la réalité de l'inconnu. Il y a là, d'abord, une obligation morale à laquelle l'humanité devra apprendre de plus en plus à satisfaire. Et il y a là aussi, sans le moindre doute, une condition mentale indispensable pour faire avancer nos connaissances, un élément de force et de progrès. Il ferait beau voir, en effet, quelqu'un aller à la découverte d'une chose, et commencer par nier la nécessité de la découvrir ou, du moins, par sous-évaluer les difficultés de l'entreprise.

Mais cette utilisation de notre nescience, l'affirmation de l'inconnu, diffère essentiellement de l'affirmation de l'inconnaissable, qui est *la négation directe de toute possibilité quelconque d'utiliser les lacunes du savoir* et qui, d'ailleurs, comme je crois l'avoir prouvé, conduit infailliblement au culte même de l'Ignorance. Entre ces deux états psychiques si distincts il existe, je ne dis pas un abîme — je laisse

ces comparaisons à la poésie et à la rhé-
torique — mais une évolution mentale
considérable, une foule de progrès successifs, d'acquisitions nouvelles et impor-
tantes dans les domaines connexes de la
biologie, de la sociologie et de la psychologie.

Il faut avoir parcouru un certain nombre
de stades dans le champ du progrès si
vaste qu'il nous paraît illimité, il faut avoir
non seulement amassé, mais aussi organisé en corps de doctrines scientifiques,
beaucoup de connaissances très spéciales,
pour être définitivement préservé et ga-
ranti contre cette illusion si tenace, cette
tentation si étrange, cette perversion de
l'esprit si curieuse. Elle consiste, voulant
faire la part de l'inconnu, à ne lui laisser
absolument rien, et, voulant tirer profit
de notre ignorance, à la condamner à une

stérilité irrémédiable et éternelle : *Igno-rabimus.*

L'exemple de la philosophie du siècle ne prouve-t-elle pas, au reste, que le vrai vaccin de l'agnosticisme (ou religiosité latente) n'a pas encore été sérieusement essayé? Est-il trouvé ou soupçonné du moins? Pour ma part, je l'aperçois dans la constitution définitive et la progression rapide des sciences supérieures, et surtout de cette psychologie que le positivisme dédaignait tant.

Le *pessimisme* de la théorie de la connaissance, — telle nous semble donc, en somme, la meilleure définition du phénomène mental de l'agnosticisme. On expliquerait de la sorte sa prévalence actuelle en philosophie. Dans ce domaine où l'idée pure eût dû, ce semble, régner en maîtresse absolue, l'émotion pessimiste inver-

tit et défigure les plus simples notions logiques, de même qu'elle invertit et défigure,
en éthique, les sentiments primordiaux et
les plus naturels de l'homme.

On pourrait d'ailleurs croire que les
tendances pessimistes naquirent d'abord
de ces exercices purement théoriques
pour aller, ensuite, envahir les questions
morales et sociales. Ce n'est pas pour
rien, en tout cas, que Kant précéda Schopenhauer dans l'ordre évolutif des idées
d'ensemble.

CHAPITRE II

I

Tout autre, en apparence, mais non en réalité, est la position qu'occupe en ce débat le positivisme.

La philosophie positive répudie ouvertement le matérialisme, dans lequel elle ne voit qu'une forme vulgaire de la métaphysique. Les positivistes reprochent aux matérialistes leur athéisme, leur négation de Dieu qui, par son caractère de cause première, ne doit, selon eux, se nier ni s'affirmer. Or, le positivisme constitue lui-même un agnosticisme, une doctrine qui postule l'existence de l'Inconnaissable. Voilà déjà une première contradiction, et l'on reconnaîtra sa gravité [1].

1. Un groupe important de positivistes a relevé cette inconséquence. Ce progrès fut atteint surtout en Italie (Angiulli, Villari, Ardigo). Selon cette fraction de l'école positive, « admettre qu'il y a une réalité inconnaissable, c'est donner les mains, quoique sous une forme négative, aux espérances des chercheurs d'absolu. » — « Un positiviste conséquent ne peut savoir s'il existe des causes premières au delà des causes secondes; on ne peut affirmer les différences qui séparent deux termes que quand on les connait tous les deux. »

« Que craint-on? — demandent les mêmes auteurs; si l'abîme est sans fond, l'observation le constatera, et s'il n'y a par delà que des espaces semblables aux espaces entièrement parcourus, l'humanité sera délivrée d'une anxiété douloureuse et la science verra s'ouvrir devant elle de nouveaux horizons à l'infini. » (Espinas, *Phil. expérimentale en Italie*, p. 84-86.) Au même point de vue se rallie la nouvelle école matérialiste française; voir, par exemple, A. Lefèvre, *La philosophie*, et *Renaissance du matérialisme*.

D'autre part, toute religion et toute philosophie possèdent une formule favorite pour exprimer leur propre nescience. Le matérialisme ne déroge pas à cette règle. Son Inconnaissable s'appelle la matière [1]. Or, c'est là le second grief du positivisme contre le matérialisme, et la seconde contradiction dans laquelle il verse lui-même.

Les religions et les philosophies s'escrimèrent constamment contre l'Incognoscible des doctrines et des croyances rivales.

1. On disait autrefois la Nature, ce qui donna lieu à cette boutade de Comte, que l'athéisme matérialiste substituait le culte d'une déesse à celui d'un dieu. — On connaît les attaches saint-simoniennes du fondateur du positivisme. Il peut donc sembler curieux de noter, au passage, que pour l'église de Saint-Simon, la *loi* que le savant ne crée pas, mais trouve dans les faits, n'est pas autre chose que la *volonté de Dieu*. L'école fourriériste entendait de la même façon la loi unique et dernière de l'attraction passionnelle. — Voir Lefèvre, *Renaissance*, p. 91 et 93.

Aucune ne s'aperçut du caractère purement formel de telles controverses. Mais le positivisme ne se contenta pas de suivre l'exemple commun. Pour comble de confusion, il émit la prétention étrange de ne vouloir nier, ni affirmer l'Incognoscible des théistes purs.

Pourquoi cette exception en faveur du théisme, pourquoi hésiter à lui appliquer la norme ordinaire? Reconnaissait-on enfin, quoique d'une manière très imparfaite, la similitude qui apparente les divers agnosticismes?

La philosophie matérialiste fut sans doute moins perspicace; car, tout en maintenant son Inconnaissable, elle s'attaque avec énergie à celui des autres systèmes; elle s'acharne particulièrement contre celui qui ressemble le plus à son propre concept de la matière et de la force : une Cause Première unique.

A quoi aboutit, en fin de compte, l'hypothèse matérialiste? Dans les constructions les plus rationnelles de notre époque, le postulat qui impute à la matière et à l'énergie mécanique l'origine ou la cause de tous les phénomènes, s'allie intimement à la thèse de l'incognoscibilité absolue de la matière et du mouvement en soi. Pour ces doctrines, la négation de l'existence objective du noumène affirme ainsi, le plus naturellement du monde, son éternelle inaccessibilité. Mais le positivisme se distingue du matérialisme classique par là surtout, qu'il donne la préférence à la dernière formule sur la première, à l'affirmation agnostique sur la négation athée.

Quant à l'idéalisme, il se prononça toujours résolument pour l'existence du *noumène*. Mais, chez lui aussi, ce « oui » se

doubla nécessairement d'un « non », lorsque se posa la question relative à la possibilité de connaître l'essence des choses en
dehors de leur apparence. L'hypothèse de
la chose en soi se transforma fatalement,
ici encore, en celle de son incognoscibilité
absolue. Aucun idéaliste ne saurait nier
cette substitution sans tomber aussitôt
dans le plus monstrueux des illogismes.
Car il faut bien, si le noumène existe, qu'il
se distingue du phénomène; et s'il s'en
distingue, la différence ne peut évidem-
ment résider que dans le caractère expé-
rimental de l'un, et le caractère extra ou
supra-expérimental de l'autre.

II

Le criticisme joua à l'égard de l'idéalisme le rôle même tenu par le positivisme vis-à-vis du matérialisme. La philosophie critique produisit au grand jour les conséquences cachées dans les prémisses idéalistes, comme la philosophie positive tira au clair les conclusions renfermées dans les thèses matérialistes.

Telle fut la fonction essentielle de ces deux grandes doctrines dans l'histoire des croyances philosophiques. C'est par là qu'elles méritent notre attention et même, — pourquoi ne pas le dire? — notre gratitude.

Que prouve en effet cette coïncidence remarquable des points culminants de la

doctrine positive et de la doctrine critique?
Quel sens attribuer à l'identité des résultats suprêmes où échoue l'esprit humain
après avoir suivi des routes qui semblèrent
toujours si divergentes? Quel enseignement se dégage de la réduction inattendue
des deux grandes fractions de l'ancienne
philosophie à un seul et même dénomina-
teur, réduction simultanément opérée par
les principaux systèmes contemporains?

Sous chacune de ses formes (criticisme,
positivisme, évolutionnisme), déterminées
par les circonstances historiques, l'agnosticisme ou relativisme moderne établit une
manière de pont jeté entre le matérialisme
et l'idéalisme, ou plutôt, car c'est là une
image plus exacte et qui rend mieux notre
pensée, un terre-plein comblant le vide
entre les anciennes conceptions prétendues
contradictoires. Il faut, en vérité, être un

aveugle volontaire pour refuser de l'admettre.

Cette tendance à concilier les extrêmes de la pensée spéculative se remarque de bonne heure dans l'histoire intellectuelle de l'humanité. Et sa manifestation la plus notoire fut le sensualisme, fait historique venant confirmer notre thèse, puisque l'école sensualiste prépara l'avènement du criticisme aussi bien que celui du positivisme et de l'évolutionnisme.

La philosophie de ce siècle pourrait même fort bien, à notre avis, se définir comme un sensualisme nouveau qui, s'adaptant aux progrès de nos connaissances, eût repris et mené à bonne fin une tâche supérieure aux forces débutantes des anciennes écoles de ce nom.

Voilà peut-être le titre de gloire le plus sérieux de la philosophie actuelle. Elle a réussi où les métaphysiciens d'autrefois avaient piteusement échoué. Ajoutons qu'elle se doute à peine de son succès. Sa supériorité n'en est pas moins réelle, et la situation philosophique se dessine avec une netteté croissante.

L'agnosticisme moderne représente la synthèse depuis longtemps cherchée du matérialisme le plus terre à terre et de l'idéalisme ou du spiritualisme le plus transcendant. Cette théorie de la connaissance offre la démonstration frappante de l'équivalence fondamentale des hypothèses formulées jusqu'ici pour expliquer l'origine et l'essence des choses.

Elle prouve aussi que la grande loi de l'identité des contraires s'applique directement à toutes nos conceptions très générales. Si contradictoires qu'ils nous semblent, les postulats universels ne peuvent

être, en vertu de cette loi, que foncièrement identiques.

Mais l'agnosticisme contient un autre
enseignement précieux. Il conduit à la
condamnation éclatante de la spéculation
hypothétique.

Les systèmes nouveaux apparaissent
comme l'apogée des philosophies antécé-
dentes. Ils les unifient et les consolident
en une synthèse supérieure. Mais ils mettent à nu le vice capital des théories anciennes qui est aussi le leur, ce défaut que
rien ne saurait pallier ni racheter : la pré-
maturité de pareilles tentatives, leur venue
avant terme, avant l'heure marquée par
les progrès effectifs des sciences.

III

Nos adversaires philosophiques arrivent dans ce débat à des conclusions diamétralement opposées aux nôtres.

« Les écoles critiques, même en apparence les plus négatives, dit, par exemple, M. Ravaisson, à mesure qu'elles creusent et approfondissent leurs propres idées, finissent par retrouver à la racine ce qu'elles avaient commencé par nier ou par écarter. »

Et un autre écrivain de s'exclamer à ce propos : « Voyez en effet : le positivisme d'Auguste Comte excluait la psychologie, l'école moderne anglaise la réhabilite. Auguste Comte rejetait la métaphysique... Que voyons-nous maintenant? D'une part, la doctrine de M. Herbert Spencer, dans

ses grandes lignes, est véritablement une
métaphysique ; ses conclusions finales ne
diffèrent pas beaucoup de celles de Spinoza et de Hegel ; d'autre part, un positiviste anglais, M. Lewes, proteste contre
l'exclusion de la métaphysique et croit
qu'il faut hardiment en reconnaître les
droits. Il en est de même des notions onto-
logiques qui reparaissent les unes après
les autres... Jusqu'où ira cette réintégra-
tion successive des notions que l'on avait
cru éliminer? Nous ne le savons pas et nous
n'avons pas à le chercher. Ce qui est certain, c'est que ce mouvement de retour
est digne de la plus sérieuse considéra-
tion. Il semble que la pensée, comme la
vie, soit douée d'une force réparatrice,
vis medicatrix, en vertu de laquelle elle
corrige et guérit spontanément les bles-
sures qu'elle se fait à elle-même. Les

médecins, c'est-à-dire les philosophes spiritualistes et autres, ne peuvent qu'aider et faciliter ce travail spontané de la nature ; mais ils ne peuvent ni le précipiter, ni le violenter. La pensée obéit à ses lois, non aux leurs ; elle suit ses voies, et non celles qu'on voudrait lui imposer du dehors [1]. »

Les métaphysiciens triomphent assurément trop tôt.

Ils remarquent avec raison que le positivisme et l'évolutionnisme reviennent à certaines idées que ces systèmes semblèrent d'abord vouloir abroger. Mais ces ontologistes s'efforcent d'ignorer la vraie cause d'un semblable phénomène. Ils oublient à dessein que les idées en question ne furent, en aucune heure, pleinement délaissées.

1. P. Janet, *La philosophie française contemporaine*, 2ᵉ éd., p. 110-111.

Ils ne pensent pas à tort non plus que
le positivisme et l'évolutionnisme tendent
à devenir des métaphysiques; mais ils se
trompent s'ils imaginent que ces deux doctrines aient jamais été autre chose.

La *vis medicatrix naturae* invoquée exprime ici, comme partout ailleurs,
l'ignorance où nous sommes de certaines
causes et de leurs effets. On guérit parce
que le mal n'empira point jusqu'à écarter
pour toujours les chances de guérison; et
l'on se retrouve bien vite métaphysicien
parce qu'on ne cessa jamais complètement
de l'être.

CHAPITRE III

THÉORIES PESSIMISTES DE LA CONNAISSANCE.
LES ANTINOMIES ET LA PHILOSOPHIE
ÉVOLUTIONNISTE.

I

Les philosophes modernes étudièrent peu ou fort mal la filiation des concepts, les métamorphoses des doctrines, le transformisme des idées générales.

Leur position à cet égard semble de beaucoup inférieure à celle des anciens zoologistes qui prenaient souvent pour deux genres distincts l'enfant et l'adulte, le mâle et la femelle du même individu zoologique [1]. Les philosophes commettent tous les jours des méprises analogues, et cela à propos de concepts, de genres idéologiques qu'ils déclarent d'une importance sans égale. Tel est notamment le cas des concepts de Dieu, de Matière, de Force, de Mouvement, d'Inconnaissable.

Dans cet ordre d'études, les agnosticistes anglais, les évolutionnistes en particulier, s'approchèrent davantage de la vérité. Ces penseurs, qu'on peut classer parmi les positivistes avancés du siècle, reconnaissent nettement déjà les liens de parenté qui unissent la religion à l'agnosticisme. Leur Inconnaissable remplace

1. Citons en exemple des plus connus la langouste et sa larve (phyllosomme), regardées autrefois comme appartenant chacune à des groupes indépendants de crustacés.

ostensiblement le vieux personnage central des théogonies et des métaphysiques.

Par malheur, ils n'examinèrent ce grave problème ni en psychologistes, ni en sociologistes, ce qui vaut le mieux peut-être pour l'aborder fructueusement. Ils n'ont fait ni la psychologie, si je puis m'exprimer ainsi, ni la sociologie de Dieu, de la Matière, de la Force, du Mouvement, de l'Inconnaissable. Ils persistèrent à construire la philosophie de ces x qu'ils continuèrent, par suite, à prendre pour autre chose que de purs concepts. Nous allons nous en convaincre dans les pages suivantes.

Le criticisme, cette première grande philosophie de notre époque, n'a pas inventé les antinomies; elle les trouva toutes prêtes dans la philosophie du passé.

Mais elle les cultive avec une prédilection particulière, elle les développe et elle y voit des prémisses qui justifient amplement cette conclusion : la réalité de l'inconnaissable. Le positivisme qui suivit, s'appropria ce résultat sans trop se préoccuper de sa base antinomique. Enfin l'évolutionnisme, venu en dernier lieu, reprit et poussa à ses limites extrêmes la discussion des prémisses aussi bien que celle de la conclusion. Il faut donc étudier le problème de l'inconnaissable dans la philosophie de l'évolution, comme on étudie les lois d'un phénomène quelconque dans un cas bien caractérisé.

Au cours de cette controverse qui prime chez lui toutes les autres, l'évolutionnisme tombe dans des contradictions choquantes. La doctrine pour laquelle les phénomènes sont des modes, des transformations successives ou simultanées d'une seule et même énergie primordiale, le monisme de Spencer, renferme implicitement un aveu inattendu et d'une grande portée : *les antinomies ne sont pas des jugements contradictoires de l'esprit, et l'incognoscible n'est pas ce que nous connaissons le moins au monde.*

II

Dès l'antiquité la plus haute, on regardait les contradictions de la raison qui sont inconciliables ou nous semblent telles, comme la source, le germe subjectif des croyances religieuses et philosophiques de l'humanité.

Bien avant Kant, on citait déjà les antinomies comme autant d' « instances prérogatives », pour parler le langage de Bacon, autant d'exemples de l'ignorance où nous sommes. soit des faits, soit de leurs lois ou de leurs causes. Une antinomie se déclare partout où la science se tait. Or, comme les lacunes de notre savoir ne se comptent pas, l'inconnaissable nous guette, en réalité, derrière le moindre phénomène.

Qu'est-ce que le temps, par exemple, et qu'est-ce que l'espace? La science, je veux dire la science spéciale, la psychologie qui n'existait pas il y a cent ans et qui existe à peine aujourd'hui, ne traita jamais sérieusement ce double problème. La raison raisonnante des ignorants et des philosophes l'accapara depuis des siècles, lui attribua une complication et une portée extraordinaires.

On se demandait à l'aventure si le temps

et l'espace existaient objectivement, sans se rendre compte du sens précis attaché au terme « existence objective », et à peu près comme si l'on interrogeait sur des choses concrètes : « sont-ce des chaises ou des chevaux? »

On posait encore la question sous cette forme : « Le temps et l'espace ne sont-ils pas des néants? » Et l'on se sentait pris dans l'engrenage logique du dilemme : il n'existe pas deux sortes de néants, et le temps et l'espace offrent pourtant deux idées distinctes.

On s'enquérait aussi des attributs de l'espace et du temps, et on se persuadait qu'ils n'en possédaient point, qu'on ne pouvait les concevoir par leurs attributs. On en fit même, avec Kant, des idées précédant l'expérience, mais on vit bientôt que si nous ne pouvons nous débarrasser de ces prétendues formes de l'esprit, elles n'en persistent pas moins à nous paraître extérieures à l'esprit, etc., etc.

En un mot, la double antinomie du temps et de l'espace se présentait toujours sous l'aspect d'une longue chaîne de contradictions d'autant plus irritantes qu'elles s'offraient comme plus manifestement verbales.

Elles ne prouvaient avec la plus accablante évidence que l'état notoirement arriéré des études psychophysiques et psychologiques.

III

Voici une autre contradiction célèbre : la divisibilité infinie de la matière. A quelle « espèce scientifique » appartient l'ignorance dénoncée par cette antinomie?

La mathématique constituant la seule connaissance parvenue, dans ses limites propres, à maîtriser le concept de l'infini, à l'asservir aux fins scientifiques, ce n'est pas là, à coup sûr, une ignorance d'ordre mathématique.

D'autre part, l'insolubilité, apparente ou réelle, du problème n'arrêta jamais les recherches et les progrès de la physique, de la chimie, de toutes les sciences de la nature extérieure.

Personne, certes, n'attribuera à ces disciplines la question classique : un bâton peut-il n'avoir qu'un seul bout? Mais pourquoi ne pas nous efforcer à résoudre une pareille difficulté, bien capable pourtant de faire naître une antinomie en règle?

La raison en paraît fort simple. Dans le cas du bâton, nous n'avons pas affaire à

une de ces hautes généralités, à une de
ces abstractions pures qui nous incitent à
sortir des étroites limites de la science
particulière, et nous entraînent vers les
vastes horizons de la pensée philosophique. Nul ne chercherait à travestir en
une thèse de physique et encore moins de
spéculation générale, ce problème de
simple définition : que faut-il entendre
par un bâton?

Mais il se pourrait bien que la matière
fût divisible à l'infini d'après les mêmes
motifs pour lesquels un bâton possède
nécessairement deux bouts. Il se pourrait
bien qu'il n'y eût en ce débat qu'une simple
dispute de mots, qu'une sophistication sub-
tile des termes employés.

Admettons un instant que l'*infinité* se
dévoile comme le synonyme ou le substitut
parfait de la *quantité* générale et ab-

straite, c'est-à-dire de l'attribut universel des choses sévèrement isolé des choses elles-mêmes. En ce cas l'opposition entre le fini et l'infini deviendrait du coup aussi vulgaire que la distinction du concret et de l'abstrait, du particulier et du général, avec laquelle elle se confondrait alors. Cessant de fatiguer notre esprit, l'antinomie proposée ne se soutiendrait donc plus, au moins comme problème de logique.

IV

Les deux problèmes étroitement liés de l'action à distance et de la réalité du vide matériel prirent également l'aspect d'un dilemme sans issue possible. Si le vide n'existe pas, la compressibilité devient inconcevable, et si on admet le vide, on ne s'explique plus la transmission mécanique du mouvement.

Une foule d'hypothèses variées, l'atomisme de Démocrite, l'attraction de Newton, les monades inétendues de Leibniz, les centres de force de Boscowich, bien d'autres théories encore tentèrent vainement de vaincre cette double inconcevabilité. Malgré les efforts réunis des philosophes, des mathématiciens, des physiciens, voire même, en ces derniers temps, de quelques chimistes, l'antique antinomie du vide, dans sa sombre et repoussante grandeur, reste maîtresse absolue de la raison hésitante. La contradiction résistera-t-elle à l'attaque combinée des biologistes, des psychologues et des sociologistes?

C'est le secret d'un avenir que nous

estimons prochain. Aujourd'hui, on ne peut qu'indiquer d'une façon générale les raisons qui militent en faveur d'une solution purement psychologique des problèmes connexes du vide, de la matière, de la force, du mouvement.

A tous échut la mauvaise fortune d'encourir une double confusion. On les a soustraits à la science spéciale correspondante afin d'en faire des propositions philosophiques. En outre, on s'ingénia pour leur donner la forme extérieure de thèses physiques, chimiques, mécaniques. Un certain nombre de savants les traitèrent même à fond comme telles, et ces essais ne furent pas les moins malheureux.

Mais l'insolubilité d'une question ne provient pas uniquement de ce qu'on l'étudie d'emblée d'une façon générale, elle dérive souvent aussi de l'erreur qui trans-

pose les faits corrélatifs dans un domaine
à eux étranger.

L'antinomie du vide a sa place marquée
dans cette science encore purement nomi-
nale, la psychologie des concepts abstraits :
et elle ne présente peut-être qu'une face
particulièred'une autre antinomie. Le vide,
l'atome, la force sont, comme leurs synonymes probables, le néant, la matière, l'infini, non pas des phénomènes de physique
ou de mécanique, mais des conceptions
pour ainsi dire « surabstraites ».

De tels types d'idée se construisent en
partant d'observations qui, elles, appartiennent incontestablement, les unes à la
physique, les autres à la chimie ou à la
mécanique. Ils suivent la loi commune. Il
ne se rencontre pas d'abstraction un peu
générale qui n'ait, pour source éloignée,
des faits étudiés par les sciences du monde

inorganique. Personne cependant ne voit dans une pareille origine une raison suffisante pour consacrer un chapitre spécial, en histoire naturelle, à l'étude de l'hippogriffe, par exemple, ou pour faire de Dieu — malgré la parenté évidente de ce symbole avec l'idée de totalité — l'objet d'une recherche mathématique.

En tant qu'abstractions pures, les idées de vide, d'atome, de force et de mouvement dépassent la capacité « conceptive », si je puis m'exprimer ainsi, de la mécanique. Elles reviennent de droit à la psychologie, considérée non plus comme une branche de la philosophie, ou même comme la philosophie tout entière, mais comme une science des plus spéciales. Pour s'en convaincre, il suffirait, au besoin, de rappeler qu'à l'égard surtout des abstractions de ce genre, il importe préa-

lablement de savoir si elles ne servent pas
à cacher des illusions mentales aussi subtiles qu'inconscientes.

Imaginez, en effet, que ces fantômes
s'évanouissent un jour, comme disparurent
certaines illusions visuelles, tactiles, auditives. Que deviennent, dans cette supposition, nos théories les plus célèbres sur
les atomes, les forces, les centres d'énergie? Or, la doctrine des illusions, au même
titre que la doctrine de l'absurde, relève
manifestement de la psychologie concrète.

Les difficultés soulevées par le problème
du vide sont de même nature que celles
suscitées par le problème de la divisibilité
de la matière.

Ces hypothèses se heurtent également
contre l'antinomie de l'infini sous l'aspect
soit de la divisibilité, soit de l'illimitation
de la matière. Elles deviendraient pour-

tant admissibles, si l'un des deux derniers concepts se pliait d'abord à une explication.

Or, d'où vient notre impuissance à concevoir leurs contraires et pourquoi serait-elle congénitale ou organique? Ne vaudrait-il pas mieux l'imputer à un simple phénomène d'inconscience ou d'inattention, à une erreur qui prend sa racine dans un manque involontaire de mémoire? N'oublions-nous pas toujours qu'en parlant du vide nous évoquons, en réalité, l'idée de vide en général, synonyme de l'idée de néant qui, à son tour, représente la négation fausse de l'idée d'être? En parlant de compressibilité, nous avons en vue l'idée de compressibilité en général, synonyme de l'idée de résistance, cette réaffirmation de l'idée de matière. Et ne procédons-nous pas exactement de même par rapport à l'atome, à la force, au mouvement [1]?

V

Une catégorie particulièrement intéressante d'antinomies comprend les hypo-

1. Le mouvement est-il apparent ou réel? Se peut-il qu'un mouvement soit annulé par le mouvement en sens contraire (mais demeuré inaperçu) du système qui contient le mobile observé? Le mouvement se présente-t-il toujours comme particulier et relatif? Le mouvement général et absolu existe-t-il, ou se résout-il en son contraire, le repos? La cessation absolue du mouvement n'implique-t-elle pas la négation de la loi de continuité? Ces questions réunissent autant d'exemples de la confusion de l'abstrait et du concret, autant de problèmes dont la forme « surgénérale » et « surabstraite » constitue la marque propre et qui certainement n'appartiennent ni à la mécanique, ni à la physique. Mais les antinomies, comme les autres erreurs de l'esprit humain, font tache d'huile; elles envahissent, par la philosophie, tous les domaines du savoir. Un spiritualiste ne soutenait-il pas dernièrement, que la science moderne tendait à faire disparaître devant notre esprit l'incontestable matière,

thèses contradictoires ayant un caractère
biologique et psychologique très prononcé,
mais que les philosophes traitent par des
méthodes empruntées indistinctement à
toutes les sciences.

Tel s'offre à nos yeux, par exemple, le
problème prétendu insoluble de la transformation de la force mécanique en sensations ou en idées, et *vice versa*; ou le
problème du commencement et de la fin,
du premier et du dernier état de conscience qui ne peuvent, dit-on, tomber sous
notre examen pour une double raison.
Personne ne se souvient de ce premier
état, et l'impression jugée la dernière est,
en réalité, l'avant-dernière. Tel se présente encore le problème de l'âme consi-

ainsi qu'une muscade aux doigts d'un escamoteur?
En vérité, n'est-ce pas là ajouter une ombre de
plus à l'obscurité qui nous enserre?

dérée comme le substratum d'une succession ininterrompue de sensations et d'idées; ou aussi le problème du sujet-objet, du moi se percevant lui-même, etc.

Une remarque s'impose à propos de toutes ces questions. Notre ignorance en ce qui les touche est actuellement bio-psychique ou psychologique. On ne saurait les résoudre sans recourir à une théorie des illusions mentales plus élaborée et reposant, à son tour, sur une connaissance exacte des lois qui régissent la genèse et la transformation des concepts abstraits.

Les agnosticistes accueillent implicitement cette vérité. Que l'homme, disent-ils, ramène tous les faits physiques à des manifestations de la force dans l'espace et dans le temps, il demeurera aussi peu avancé, car il ne sait rien de la force, du temps ou de l'espace. Qu'il réduise tous les phénomènes psychiques aux seules sensations, il croupira dans la même incertitude, car il ignore ce qu'est la sensation.

Rien de plus juste. Assimiler les phénomènes de conscience appelés faits physiques à des phénomènes conscientiels appelés force, mouvement, espace ou temps, cela équivaut, de toute évidence, à s'élever du concret à l'abstrait ou du moins abstrait au plus abstrait. Or, d'une telle transition, on ne sait bien ni les lois ni le mécanisme intime, et nous soupçonnons, tout au plus, à la suite d'expériences journalières, que d'innombrables illusions lui font cortège.

En vertu même de ces défauts essentiellement passagers du progrès scientifique, la réduction des phénomènes concrets à leurs concepts abstraits nous semble vaine et futile. Elle nous apparaît maintes fois comme un effort de la pensée qu'on eût pu raisonnablement s'épargner.

Le matérialisme a tort, dit-on, d'accorder à la physique et à la chimie une foi aveugle, et de traiter tout le reste de rêveries. Les matérialistes, en effet, veulent ignorer les lois et les conditions spéciales de certains phénomènes très particuliers qu'ils confondent par suite avec des phénomènes infiniment moins compliqués (psychologiquement parlant).

Les idéalistes tombent dans l'excès opposé : loin de chercher à nier ce qu'ils ne connaissent pas ou ce qu'ils ne connaissent que d'une façon très imparfaite, ils s'efforcent de grossir outre mesure cet x, d'en faire l'équivalent et le substitut de l'univers sensible.

Les sensualistes, enfin, s'appliquent à équilibrer les deux excès, à tenir la distance égale entre l'un et l'autre. Mais ils ne parviennent jamais à conserver cette position instable. Aussi voyons-nous ces philosophes, représentés aujourd'hui par les partisans de l'évolution, osciller sans cesse, pencher tantôt vers le matérialisme, ou son meilleur représentant actuel, le positivisme, et tantôt vers l'idéalisme, ou son succédané moderne, le kantisme critique.

VI

« Le mot de philosophie ne sera jamais rayé des langages humains, et tant qu'il existera des hommes, on rencontrera des esprits plus occupés de leur origine, de leurs fins dernières, de leur raison d'être dans l'univers, que de tous ces

amusements et ces passe-temps qu'on
appelle l'industrie, le commerce, la poli-
tique [1]. »

Voilà, certes, une pensée généreuse
exprimée en termes convenables. Mais il
faut la compléter en rappelant qu'il
existe plusieurs manières de traiter les
questions d'origine et de fin. Jusqu'à
l'heure présente les théoriciens usèrent
d'un procédé peu profitable à la philosophie. Il consiste à classer faussement
certains problèmes particuliers, à transposer arbitrairement les questions scientifiques.

Les antinomies naquirent par l'action
de cette méthode fautive. Elles eurent,
d'ailleurs, souvent cette utilité, d'arrêter
à temps les divagations métaphysiques.

1. D. Cochin, *l'Évolution et la Vie*, p. 77.

On les peut nommer, en ce sens, les véritables garde-fous de la philosophie.

Nous avons donné plus haut quelques exemples populaires de ces contradictions de la pensée abstraite. Mais le cas que nous allons indiquer maintenant se prête mieux, peut-être, qu'aucun autre à révéler la grave erreur si souvent commise par les esprits spéculatifs.

Toute philosophie mène à un choix rationnellement motivé entre les différentes hypothèses possibles sur l'origine et la fin ou la raison première et le but du monde. Dès lors, les hautes abstractions scientifiques, le mouvement, la force, la vie, la conscience, cèdent le pas à la somme totale des propriétés des choses, et c'est le monde ou l'univers qui devient l'objet des théories conjecturales.

Dans les cas déjà examinés, la philosophie empiétant sur le domaine du savoir exact s'exposait au reproche de confondre l'objet propre de la psychologie, son objet matériel pour ainsi dire, avec l'objet nominal des autres sciences, les signes conventionnels qui désignent, dans la notation abstraite des choses, les caractères semblables des faits étudiés par la mécanique, la physique, la chimie, la biologie et la sociologie.

A plus forte raison le même argument doit-il atteindre la philosophie s'occupant de l'univers tel quel. Car voilà une réalité du même ordre que le nombre, la matière, la force, le temps, l'espace, la vie, etc., mais servant, en outre, à représenter ou à résumer l'ensemble, la somme totale de ces idées [1].

---

1. Ce concept possède, soit dit en passant, une

Et ne semble-t-il pas évident, par suite, que les hypothèses imaginables sur l'origine et la raison d'être d'une telle abstraction, devront nécessairement demeurer arbitraires et invérifiées, tant qu'on ne les transformera pas en hypothèses psychologiques, tant qu'on ne se bornera pas à demander comment naissent, dans le cerveau humain, ou comment y finissent, les concepts abstraits et les idées générales?

En attendant, la nomenclature des antinomies aura été enrichie d'une nouvelle et curieuse catégorie. Historiquement, cette classe aura même précédé toutes les autres. Le concept de l'univers fut l'œuvre de l'humanité la plus primitive. Il présida à cette phase de l'évolution mentale où la

foule de synonymes dont « l'infini » et « l'existence » offrent des exemples connus.

religion ne se discernait pas de la philosophie.

En ce sens, la recherche de l'origine et de la fin des choses peut justement s'intituler le problème religieux ou théologique par excellence.

Il aboutissait toujours à l'antinomie qu'on peut également appeler religieuse ou théologique et qui constate l'impossibilité absolue de vérifier l'une quelconque de ces trois hypothèses : ou l'univers a été créé par une cause à lui étrangère; ou il s'est créé lui-même; ou il existe par lui-même sans création aucune (théisme, panthéisme, athéisme).

L'insolubilité évidente du problème religieux par un simple appel aux lois de la logique, qui écarterait à jamais deux solutions pour consacrer ou sanctionner, *eo ipso*, la troisième, constitue précisément ce qui imprime à ce problème le caractère ou la marque d'une contradiction radicale de l'esprit.

De ce reproche principal se détachent, comme autant de branches d'un tronc unique, les objections qui, visant chaque solution en particulier, disparaîtront d'elles-mêmes devant une théorie scientifique des concepts abstraits. Comment une cause étrangère à la matière a-t-elle pu tirer, de rien, la matière? Comment un être peut-il se créer lui-même, sans exister virtuellement avant d'exister réellement, et l'existence virtuelle, distinguée de l'existence réelle, n'est-elle pas le pur néant? Comment, enfin, exister par soi-même sans avoir un passé infini?

CHAPITRE IV

THÉORIES PESSIMISTES DE LA CONNAISSANCE.
LES MODES DE L'INCOGNOSCIBLE DANS LA
PHILOSOPHIE ÉVOLUTIONNISTE.

I

La philosophie de nos jours suivit la
tradition des religions et des métaphysiques, et l'agnosticisme devint son
dogme fondamental. La doctrine évolutionniste surtout est remarquable à cet
égard. Elle nous montre l'ignorance et
le savoir courant aux mêmes abîmes,

aboutissant aux mêmes mystères; elle accable la science sous le reproche naguère réservé à la religion seule, elle l'accuse de ne fournir, à son tour, qu'une expression, une forme mobile et changeante à notre profonde et incurable nescience. La thèse de l'union des contraires remporte, en vérité, dans la philosophie la plus récente, un triomphe indéniable.

Fait réel, certain, cette union ou ce monisme (pour employer un terme consacré par le langage philosophique) se manifeste et prend corps, sous certaines conditions, dans tout cerveau humain. Aux yeux de la science psychologique, les idées les plus abstruses forment des phénomènes concrets et particuliers. Il y a urgence à les traiter comme tels si l'on veut vérifier les hypothèses qui s'y rattachent.

Mais il importe autant de garder en mémoire la nature essentiellement générale et abstraite de pareils concepts. A cette seule condition on arrive à les étudier comme des phénomènes psychiques individuels.

Au contraire, il suffira de leur attribuer *a priori* une nature concrète, de les considérer comme des « êtres » ou des « essences » particulières (Dieu, la Nature des panthéistes et des matérialistes, l'Incognoscible de Spencer, de Littré, de Comte, la Chose en soi de Kant, etc.), pour finir régulièrement par les transformer en purs symboles, en formules tellement vagues qu'aucune science ne paraîtra plus capable de les contenir.

II

L'esprit humain se heurte toujours, en philosophie, au même obstacle, dû aux mêmes causes.

Les paroles suivantes de M. Spencer sur le progrès intellectuel expriment bien cette situation. « Le progrès de l'intelligence, dit le chef de l'école évolutionniste, a toujours été double. Chaque pas en avant a rapproché à la fois du naturel et du surnaturel, bien que ceux qui ont fait ce pas ne l'aient pas cru.... A mesure que la science s'élève vers son apogée, tous les faits inexplicables et en apparence surnaturels rentrent dans la catégorie des faits explicables et naturels. En même temps, on acquiert

la certitude que tous les faits explicables
et naturels sont à leur origine première
inexplicables et surnaturels [1]. »

Tout cela semble vrai, si pénible qu'il
puisse être de l'avouer. La philosophie,
comme la psychologie, comme l'esprit
humain que toutes deux incarnent et
nous révèlent, obéit inconsciemment à
la loi de l'identité des contraires. Le
naturel a toujours été pour elle le non-
naturel et *vice versa*. Elle ne ramenait
les faits jugés incompréhensibles aux
faits réputés d'expérience que pour les
réintégrer aussitôt dans la catégorie d'où
elle venait de les extraire.

Ce double processus d'endosmose et
d'exosmose de la pensée abstraite, ce va-
et-vient perpétuel du pendule métaphy-

1. *Premiers Principes*, p. 112 et 117.

sique régla toujours le mouvement spé-
culatif. L'esprit humain subissait une de
ses lois fondamentales. Arrivés à l'ultime
limite de l'abstraction, nous ne pouvons
plus différencier notre pensée et, par
suite, méconnaître son unité suprême.

Rien que nous sachions ne vient
donc infirmer la description donnée par
M. Spencer. La philosophie apercevait
dans certains phénomènes une classe
indépendante ou une négation vraie du
naturel que les hommes de science et
les philosophes de l'école expérimentale
s'obstinaient néanmoins à considérer
comme le genre suprême et unique.
Grâce à cette violation inconsciente
d'une loi primordiale de l'esprit, tout
fait et tout événement se trahissait au
philosophe comme naturel et surnaturel
à la fois, et lui-même finissait par prendre

ces deux apparences abstraites d'un seul
et même groupe d'éléments concrets pour
deux réalités concrètes et opposées.

La pensée du philosophe profitait ainsi
des conquêtes scientifiques, de l'augmen-
tation de nos connaissances, pour y ramener son antinomie favorite, le malentendu
soigneusement cultivé, la distinction illusoire du naturel et du surnaturel.

L'explication scientifique lui apparaissait fallacieusement comme une réduction
du second terme au premier. Fallacieusement, car lorsqu'on attribuait le tonnerre
à Jupiter, on ne sortait pas, logiquement
parlant, du cadre du naturel ou de l'univers, et Jupiter lui-même devenait une
négation gratuite de la nature; et lorsqu'on attribua le tonnerre à l'électricité,
on passa du surnaturel au naturel en ce
sens seulement, qu'on passa du même au

même, d'une *natura naturans* à une
natura naturata, comme dit Spinoza.
Mais bientôt il dut sembler à l'esprit du
philosophe que la théorie scientifique n'ex-
pliquait absolument rien : jugement erroné
aussi, si l'on se place au point de vue soit
de la science spéciale, soit de son application pratique.

Il y avait là, en somme, une juste revanche. Car la première réduction n'en était
pas une, en bonne logique. On s'apercevait — un peu tard — qu'on n'avait rien
réduit du tout, qu'on pouvait opérer for-
mellement sur l'électricité de la même
façon que sur Jupiter, qu'on pouvait, à
propos d'électricité, comme de tout autre
symbole abstrait, poser et reposer la fausse
négation du naturel, le non-naturel.

Quand on voit double, quand on prend
une seule et même chose pour deux objets

différents, peu importe qu'on poursuive sur la partie l'enquête commencée naguère sur le tout ! Par le fait, rien ne s'oppose à la croyance que telles ou telles catégories de phénomènes étudiés par le savant, revêtent, comme l'univers en général, un aspect extranaturel qui nous échappe.

Kant, Auguste Comte et Spencer furent, dans le temps présent, les victimes les plus illustres de cette antique illusion de l'esprit.

III

Le monisme des penseurs, leurs efforts pour atteindre la formule du Tout-Un ou de l'Un-Tout, voilà la pierre de touche infaillible qui nous permet de dévoiler le vice de leurs méthodes et nous découvre

les véritables causes de la situation philosophique.

Le monisme représente lui-même une
grande vérité d'ordre psychologique. Ce
caractère précisément le rend propre à la
démonstration de l'erreur. Nous ne jugeons
que par contraste, et le noir ne se perçoit
vraiment noir que s'il s'étale à côté du
blanc. Les philosophes qui poursuivirent
avec le plus d'ardeur l'unité suprême du
monde, peuvent moins que les autres nous
cacher l'essence métaphysique de leurs
spéculations. Et ceux que cette recherche
capta à un degré relativement plus faible,
se dérobent par là même aux attaques des
adversaires.

Tels, dans la philosophie du siècle qui va
finir, se montrent Kant et surtout Comte.
Il semble d'autant moins facile de les convaincre de métaphysique, que leur mo-

nisme se découvre plus malaisément. D'autres, au contraire, et Spencer parmi eux, méritent en toute évidence le reproche de rester profondément imprégnés par l'esprit métaphysique. Sans qu'ils le veuillent ou le sachent, leurs tentatives de synthèse universelle établissent l'objection la plus écrasante qu'on parvienne à dresser contre leur agnosticisme. Invoquer ce témoignage dans la discussion des thèses agnostiques suffit pour les voir aussitôt se réfuter d'elles-mêmes.

Résumons brièvement les critiques de cette sorte.

La matière, la force, la pensée forment autant de modes de l'incognoscible. Mais bien qu'impuissants à sonder le fond intime de la matière, de la force, de la pensée, nous devons reconnaître qu'un lien de proche parenté réunit la matière, la force, la pensée. Nous devons croire à leur identité de nature.

« Les modes de l'incognoscible, affirme M. Spencer, que nous appelons mouvement, chaleur, lumière, affinité, se transforment l'un en l'autre, et se transforment aussi en ces autres modes de l'incognoscible que nous appelons sensations, émotions, pensée. »

M. Spencer nous assure ainsi par deux fois que $A = A$, et proteste en même temps ne rien savoir du premier A, ni du second. Tous deux demeurent impénétrables. Un mystère se change là en un autre.

Par malheur pour M. Spencer et pour son école, une science existe qui détermine nettement les cas où s'admet l'axiome $A = A$. Par les moyens les plus usités, les plus empiriques — si l'on veut, en comptant sur les doigts — ou par des procédés très raffinés et délicats, mais qui se réduisent tous à la méthode directe, il importe de se convaincre que le premier A est égal à 5, par exemple, et que le second A n'est ni 7, ni 12, mais bien 5 aussi. Et le malheur veut encore qu'une autre science, la logique, fortement soupçonnée de cacher une algèbre applicable à des cas très complexes, enseigne, à son tour, exactement la même chose.

Le monisme et la croyance à l'incognoscible semblent donc se contredire et par là déterminent une dernière antinomie, à laquelle l'école évolutionniste n'avait certes pas songé.

On blesserait les lois du raisonnement en affirmant à la fois l'identité de tous les phénomènes et leur incognoscibilité. La première marque le terme suprême de la seconde. L'identité en général sert à définir

la cognoscibilité en général. De sorte encore
que, si l'on séjourne trop longtemps sur les
cimes élevées de l'abstraction pure, on
court le danger prévu par la loi de l'identité des contraires. On tombe à plat dans
l'erreur qui consiste à prendre la négation
apparente de l'identité ou de la pure connaissance, l'incognoscible, pour quelque
chose de réellement distinct, de réellement
séparé du connaissable.

M. Spencer verse ouvertement dans
cette illusion. Il fait partie, sous ce rapport, du groupe philosophique qui compte
dans ses rangs Hegel, Schopenhauer,
Fichte, Leibniz, Spinoza, Giordano Bruno,
Platon, tous les philosophes assez auda-
cieux pour s'imposer la tâche difficile de
corriger l'agnosticisme par le monisme, un
excès de prudence par un excès de témé-
rité.

A cette série s'oppose naturellement l'école nombreuse et non moins florissante à laquelle appartiennent Aristote, Bacon, Locke, Hume, Kant, Comte, tous les penseurs dont le monisme, moins catégorique, moins affirmatif, s'accompagne, par suite, d'un agnosticisme plus rationnel ou mieux motivé. En effet, il semble logiquement moins défectueux.

CHAPITRE V

UN POINT CONTROVERSÉ DE LA THÉORIE
DE LA CONNAISSANCE. — CONCLUSION.

I

Si le connaissable comporte un inconnaissable, ou, plutôt, si j'ai la moindre
appréhension de cette existence parallèle
ou sous-jacente, il faut, pour produire en
moi cette appréhension et la notion elle-
même de l'inconnaissable, que celui-ci se
manifeste d'une manière quelconque à
mon intelligence.

Mais alors il rentre dans la classe des choses connaissables, et le problème fondamental de l'agnosticisme apparaît comme absurde en soi. Il se résout avant d'être posé.

Affirmer l'inconnaissable, c'est, aussitôt, le nier. La loi de l'identité des *contraires supragénéraux ou surabstraits* ne saurait recevoir de confirmation plus éclatante.

Les agnosticistes font grand cas de l'analogie qui assimile à l'aveugle-né ou au sourd-muet, dans leurs rapports avec la lumière et le son, l'homme pourvu de ses cinq sens, dans ses rapports avec l'inconnaissable.

Nous acceptons volontiers le parallèle. Les mêmes causes nous semblent, en effet, produire dans un cas, la croyance à l'existence d'un univers sans clarté et sans bruit, et, dans l'autre, la foi à un monde connaissable doublé d'un monde inconnaissable.

Cette dernière illusion nous abuse en outre toujours de la même manière, soit qu'elle obscurcisse la vue pure et simple de l'univers en le voilant du fantôme de Dieu, soit qu'elle détermine la vision trouble d'un univers et de son essence impénétrable.

Loin d'être une hypothèse, — et encore moins une hypothèse impossible à vérifier, comme on l'a prétendu, — l'affirmation que l'humanité se trouve devant l'inconnaissable dans le même état que l'aveuglé ou le sourd-muet devant la lumière ou le son, constitue, au contraire, une vérité certaine.

Malheureusement, elle s'énonce à l'ordinaire en termes trop généraux, en termes

7.

dépassant l'expérience acquise et les in-
ductions qu'on en peut tirer. Le mot
« humanité » s'applique uniquement ici aux
hommes qui éprouvèrent, éprouvent ou
éprouveront le besoin mystique. A ceux-là
seuls s'étend l'analogie indiquée plus haut.
Une chose leur manque, en effet, qui est
sensiblement de même nature dans les deux
cas : une connaissance du monde, retran-
chée, aux uns, par un défaut de conformation individuelle et, aux autres, par un
défaut de conformation sociale, si je puis
m'exprimer ainsi, par une évolution retar-
dée ou n'ayant pas encore abouti.

Sans doute on objectera que, si les
aveugles et les sourds-muets formèrent
toujours une minorité infime au sein de
l'espèce humaine, le contraire semble vrai
du rapport numérique entre les croyants
et les athées, les agnosticistes de toute

sorte et leurs contradicteurs. Mais cela que prouve-t-il? Faudra-t-il plébisciter sur l'existence de l'inconnaissable?

Nous-mêmes accordons facilement aux méthodes quantitatives une certaine valeur dans les sciences des phénomènes les plus compliqués. Le fait brutal de l'écrasante majorité des théistes et autres fervents de l'inconnaissable ne saurait donc, à nos yeux, passer totalement inaperçu. Car, pour insuffisant qu'il soit, quand il se présente isolé, l'argument du nombre devient précieux lorsqu'il confirme ou infirme des conclusions puisées à d'autres sources.

Or, dans le cas qui nous occupe, des indications multiples viennent unanimement attester la longue stagnation de l'humanité primitive dans un état de méconnaissance absolue à l'égard des principales

lois qui régissent la nature et l'homme.
Notre thèse trouve, par suite, un appui
plutôt qu'un obstacle dans les considéra-
tions purement numériques sur la force
et le développement de certaines croyances. En effet, si notre ignorance précède
nécessairement notre savoir, la foule des
partisans de l'agnosticisme opposée à la
petite phalange de leurs adversaires nous
induira simplement à constater l'antério-
rité historique de certains états sociaux
par rapport à d'autres états qui leur sont
directement contraires.

Mais avant de continuer cette série de
remarques sur la genèse du concept fondamental de tout agnosticisme, notons
quelques caractères secondaires qui dis-
tinguent de l'idée de Dieu l'idée d'un
substratum mystérieux des phénomènes.

Le premier de ces concepts est beaucoup plus complexe que le second. Il résulte d'un ensemble compact de notions distinctes et variées (anthropomorphisme, causalité, finalité, etc.) venant se grouper autour d'un noyau central : l'idée pure de substratum.

Mais la conception théologique ou religieuse est en outre infiniment plus répandue que l'idée métaphysique en comparaison très simple. La première appartient à l'humanité en masse; elle domine l'homme inculte et ignorant. La seconde ne se constate guère que chez l'homme instruit et le penseur de profession où elle semble même surgir à la suite d'une étude approfondie de la nature extérieure et de l'intelligence humaine.

Plus nous comparons, en effet, nos idées des choses avec les choses elles-mêmes, plus nous méditons sur leurs res-

semblances et leurs dissemblances essentielles, plus nous désirons ardemment
saisir et fixer leur identité présumée, et
plus nous nous sentons gagnés par le sentiment, la notion vague d'une différence
irréductible, d'un résidu qui gît tout
entier dans les objets et non dans les
idées qui les représentent.

Peut-être se passe-t-il ici un phénomène analogue à ceux des actes orga-
niques dits inconscients qui se découvrent
à une attention longtemps exercée. De
même, l'idée d'une disparité certaine entre
l'objet de la pensée et la pensée ne s'éveille
qu'à la suite d'une méditation introspec-
tive accessible à un très petit nombre
d'esprits.

Cette notion n'est pas, en soi, men-
songère, comme cette disparité n'est pas,
en soi, illusoire.

Un tel caractère leur vient de la fatigue mentale inséparable de tout exercice intellectuel de ce genre et due principalement à l'état imparfait des méthodes psychologiques, à l'abus de l'introspection. Peu à peu, cette lassitude se transforme, à nos yeux, en une impuissance organique. Dès lors nous ne faisons que traduire notre sentiment de faiblesse en disant que sa cause occasionnelle, l'idée de dissemblance, ne pourra jamais disparaître.

Après bien des efforts pénibles, le philosophe parvient à découvrir au fond de sa conscience ce que l'homme vulgaire admet instinctivement : la certitude d'une différence entre l'idée et le fait, la pensée et l'objet pensé.

Pour tous deux cependant le rêve et l'illusion ne commencent qu'avec le concept de l'irréductibilité finale de cette dissemblance, irréductibilité dont l'hypothèse s'empare de leur esprit. Tous deux la prennent dès lors pour une vérité intuitive ou axiomatique absolument incontestable.

Le penseur primitif, le théologien, l'homme religieux, l'ignorant s'inclinent devant ce résidu dernier de leur expérience mentale inconsciente. Ils l'appellent Dieu.

Le métaphysicien, le savant s'inclinent également devant ce résidu de leur expérience mentale consciente : le substratum mystérieux de l'univers. Et s'ils ne lui vouent pas un culte formel, s'ils ne s'adorent pas naïvement en lui, à l'exemple du théologien et de l'ignorant, c'est qu'ils ont subi un processus critique, c'est qu'ils se défient d'eux-mêmes, c'est qu'au fond de leur âme ils conservent un doute universel et fortement enraciné.

II

On a voulu expliquer le sentiment si tenace du substratum des choses en invoquant une incompatibilité d'essence entre le fait, manifestation du monde réel, et l'idée, manifestation du monde transcendant.

Empruntée à la vieille langue métaphysique, cette formule paraît aujourd'hui obscure et creuse. Essayons donc avant tout de l'exprimer en un langage plus clair ou, du moins, plus conforme aux conceptions scientifiques régnantes.

Il s'agirait d'une manière d'abîme qui sépare des choses nos idées des choses. Or celles-ci sont conçues par la psychophysique moderne comme des systèmes de mouvements qui se développent en certains centres cérébraux, et les premières se définissent comme des systèmes mécaniques qui se produisent hors de ces centres, en un milieu distinct.

Nous pouvons dire, par conséquent, que l'idée de substratum surgit en notre esprit et s'y fortifie selon la mesure exacte dans laquelle y surgit et s'y fortifie l'idée d'une différence spécifique entre ces deux variétés d'un même genre. En d'autres termes encore, l'incompatibilité invoquée entre le fait et l'idée, le réel et le transcendant, se ramène naturellement à la très vieille séparation du « moi » et du « non-moi ».

Cette distinction classique conservera toujours une grande importance dans la vaste sphère des besoins immédiats et des notions qui en dérivent.

Mais en dehors de ces limites elle se montre dénuée de toute valeur intrinsèque. On s'en convainc aisément en recourant aux procédés de traduction scientifique mentionnés plus haut.

En effet, ce que le philosophe appelle « l'objet » se compose essentiellement de la nature extérieure, y compris notre organisme lui-même. Ce sont des systèmes de mouvements très compliqués qui se transmettent aux noyaux gris ou corps opto-striés des régions centrales du cerveau. Ici, ces mouvements déterminent de nouveaux mouvements dont l'ensemble se désigne en psychophysique sous le nom « d'idéation inconsciente ».

Mais le mouvement transmis ou intérieur, le mouvement circonscrit par les limites étroites de la substance grise des couches optiques et des corps striés, tend sans cesse à redevenir le mouvement initial ou extérieur. Il engendre ce qu'on nomme l'activité réflexe inconsciente, vaste domaine où la psychologie doit s'efforcer de pénétrer le plus possible, car le succès futur dépend de cette première conquête [1].

Or, tous ces faits essentiellement homogènes n'autorisent en aucune manière la séparation absolue du moi et du non-moi.

Une pareille différenciation se produit, néanmoins, chez tous les êtres organisés d'une certaine façon. D'externe le mouvement devient d'abord interne, sans perdre pour cela son caractère inconscient. L'idéation inconsciente forme la

1. L'activité réflexe inconsciente peut se définir encore : une libération du mouvement extérieur temporairement emprisonné dans les cellules de la substance grise centrale et se frayant une voie, rétrogradant vers les milieux de son action primitive.

condition primordiale de l'idéation consciente.

Une multitude de tubes nerveux juxta-
posés et connus sous le nom de fibres
blanches convergentes relient les noyaux
opto-striés (siège de l'idéation inconsciente
et point de départ des réflexes également
inconscients) à une couche de substance
grise, mince, onduleuse, continue, qu'on
appelle l'écorce cérébrale ou la périphérie
corticale du cerveau. Ce nouvel amas
de substance sert à son tour de siège à
un phénomène, une excitation, un mouvement qui prolonge ou répète, en lui
donnant une allure à la fois plus succincte
et plus stable, le phénomène, l'excitation,
le mouvement immédiatement antérieur.

L'idéation inconsciente se caractérise
surtout par ceci, que les sensations et
les actes réflexes dérivés ne font que tra-

verser les noyaux opto-striés sans s'y attarder et sans y engendrer des systèmes quelconques d'idées. Et la conscience semble plutôt résider dans la systématisation ou la liaison des mêmes éléments intellectuels (sensations, actes réflexes). Elle conserve, elle emmagasine d'une manière plus ou moins durable l'énergie qui, des corps opto-striés, passe dans les circonvolutions périphériques.

La conservation de l'énergie ou du mouvement, le *souvenir*, et la liaison des parties distinctes, des afflux successifs de cette même énergie, la *conscience* proprement dite, peuvent constituer un seul phénomène ou deux phénomènes différents, il n'importe.

En tout cas, le moi ou, plus strictement, la notion du moi résulte de cette liaison (ou mémoire) de certaines idées,

de certaines sensations, de certains actes
qui, avant leur union et leur conservation
par l'écorce cérébrale, formaient, dans
les centres profonds du cerveau, des idées,
des sensations, des actes inconscients,
c'est-à-dire une série de phénomènes
objectifs.

Et avant de devenir des idées inconscientes, ces virtualités intellectuelles
étaient, dans toutes les autres parties
de l'organisme et dans tous les milieux
quelconques qui l'environnent, des manifestations d'énergie ou des mouvements,
soit encore des phénomènes objectifs.

On peut donc affirmer, en définitive,
que si l'univers se compose de deux moi-
tiés, elles présentent un circuit ininter-
rompu.

L'énergie ou les énergies se détachant
des milieux cosmiques traversent les cen-

tres profonds du cerveau et y déterminent les phénomènes de la mentalité
inconsciente. Une fois produite, celle-ci
se divise en deux courants. L'un remonte
directement à sa source et redevient ce
qu'il était auparavant : une énergie cosmique. L'autre fait un crochet, un détour,
il traverse au préalable les couches super-
ficielles de la substance grise du cerveau,
il y détermine la mentalité consciente
(volonté, mémoire, etc.). Mais il ne s'en
dépense pas moins, il n'en retourne pas
moins en grande partie, tant que dure la
vie organique, et totalement, quand la vie
cesse, à la même origine; il réapparaît
encore comme énergie cosmique.

D'ailleurs, des causes et des influences
nombreuses, les unes normales et les
autres pathologiques, interviennent, régulièrement ou accidentellement, à la seule

fin d'empêcher cette bifurcation de se
produire. Elles obstruent l'accès des couches corticales, elles forcent la totalité
ou la presque totalité de l'idéation inconsciente à rebrousser chemin, pour ainsi
dire, sans franchir l'état de mentalité
consciente. Le sommeil, les maladies
diverses, l'hypnotisme, etc., sont les
manifestations les plus ordinaires de ces
causes lointaines.

Aux yeux du physiologiste, le moi se
réduit donc entièrement au non-moi.

On nous objectera sans doute que, à la
seule fin d'aboutir à cette conclusion vrai-
semblablement matérialiste, nul besoin
n'était d'opposer la science à la philosophie, ni surtout de venir déclarer qu'il suf-
fisait de transposer, de la seconde dans la
première, les formules vides et creuses,
pour les voir se remplir comme par magie

et augmenter réellement le nombre de nos
connaissances.

On oublie, en parlant ainsi, le reproche
capital par nous adressé à toute métaphysique, y compris le matérialisme. On oublie
que l'erreur la plus grave des anciens systèmes fut de confondre la science avec sa
coordination philosophique, de nous présenter des conclusions particulières comme
des conclusions générales ou même univer-
selles.

Mais, loin de constituer une vérité scientifique de la dernière évidence pour l'esprit
non prévenu, la solution physiologique
n'offre qu'une simple hypothèse étayée, à
part quelques faits bien constatés, sur un
grand nombre d'autres hypothèses, les
unes plus générales ou appartenant à des
sciences plus développées, et les autres
tout aussi particulières ou se rapportant

à des phénomènes nerveux et cérébraux encore à l'étude. Enfin, si la science retient et s'applique à vérifier une telle supposition, c'est précisément en raison du caractère spécial qu'elle lui attribue. Elle peut dès lors facilement la confronter avec des faits concrets et particuliers (expériences sur l'ablation des différentes parties du cerveau, expériences cliniques, hypnotiques, etc.).

Je ne veux pas, du reste, insister trop longtemps sur ce point. Le paradoxe consistant à dire que l'identité des hypothèses directrices du matérialisme et de la physiologie du cerveau n'empêche pas leur distinction formelle ni même leur opposition, ce paradoxe apparent exprime une vérité de la plus haute importance.

Car, de l'hypothèse universelle à l'hypothèse particulière, une différence semble

exister en tout point comparable à celle
journellement constatée entre la matière
inorganique et le germe organisé. Y eût-il
identité parfaite entre la composition chi-
mique de la parcelle brute et celle du
plasma vivant, seul, le plasma pourra
se transformer, le cas échéant, en plante
ou se développer en organisme animal.

De même, l'hypothèse particulière possède seule quelque chance de devenir un
jour une vérité scientifique. Et, certes,
le physiologiste se rallierait immédiatement aux postulats idéalistes, s'il pouvait
croire que la balance des probabilités
expérimentales penche en faveur de ceux-
ci. La physiologie du cerveau n'en con-
tinuerait pas moins à rester une science,
avec ses vérités déjà établies et ses méthodes éprouvées. Mais que deviendrait
le matérialisme, s'il lui fallait échanger

ses axiomes fondamentaux contre ceux de l'idéalisme ?

Laissons donc ces deux non-valeurs, le matérialisme et son hypothèse universelle, et restreignons-nous à la science spéciale et à son hypothèse particulière.

Nous avons dit que la balance des probabilités expérimentales penchait du côté de l'opinion qui considère les phénomènes de conscience comme intégralement réductibles, en première ligne, aux phénomènes inconscients, et ensuite, aux événements extérieurs, aux faits du monde objectif.

Ne nous attardons pas à regretter le caractère incertain et problématique de cette assertion. Il nous est impossible de sortir, non seulement de l'ensemble du cosmos, comme le démontrent avec gravité certains philosophes, mais encore des

8.

limites du temps où nous vivons, et des limites des connaissances acquises à notre époque. A cela se borne la seule relativité du savoir que nous puissions raisonnablement admettre.

Mais demandons-nous plutôt où réside la différence morphologique et fonctionnelle que l'hypothèse particulière elle-même se plaît à reconnaître entre les faits culminants de conscience qui constituent la notion du « moi », et les faits primordiaux d'inconscience compris sous la dénomination générique du « non-moi »?

L'étude de cette différence nous donnera peut-être la clef du problème. Elle nous facilitera la découverte des origines de l'illusion si vivace qui consiste à doubler le monde d'un Dieu, la nature d'une « nature naturante », et le phénomène d'une essence nouménale.

III

Sauf erreur involontaire de notre part, nous croyons pouvoir résumer comme suit le rôle des idées conscientes vis-à-vis de l'inconscient, cette multitude de sensations et de représentations qui, se distinguant à peine des faits extérieurs, s'y joignent régulièrement pour former ce que nous appelons l'univers objectif.

Quantité infinitésimale au regard d'une quantité infiniment grande à laquelle elles servent de symboles, de signes, de substituts, les idées conscientes sont l'alphabet télégraphique, l'écriture sténographique du cosmos. Elles présentent une application frappante du principe de moindre résistance, elles réalisent une économie immense de force, de temps, d'espace.

D'autre part, et d'après la structure
même de l'encéphale, le passage, en afflux
successifs, de l'énergie cosmique s'opère
par la voie si angustiée des lobes cérébraux. Cela indiquerait que la perception
s'effectue grâce à la fixation du mouvement initial ou externe dans ces lobes, si
minime que soit la partie fixée.

Ainsi retenue, l'énergie s'emmagasine-
rait peu à peu dans l'écorce cérébrale.
Elle y déterminerait les phénomènes d'idéation, de mémoire et de volonté conscientes
qui se produisent tant que persiste la vie
ou la santé de l'organe correspondant.

Quant à la liaison ou systématisation
des parcelles distinctes du mouvement
emmagasiné, elle résulterait surtout de
leur voisinage immédiat dans les circonvolutions cérébrales. Enfin des procédés

identiques d'excitation externe et de réten-
tion interne serviraient à renouveler sans
cesse, à retoucher et à reburiner cette
« micrographie » de l'univers [1].

Ainsi le « moi » pourrait se définir la
synthèse finale des « raccourcis symboliques », des abréviations micrographiques
du « non-moi ». Ce symbolisme fournirait
la matière même du moi et le remplirait

1. Tout ce que nous savons sur l'activité inconsciente de l'esprit tend à confirmer cette manière
de voir. Le travail cérébral se poursuit alors même
que la conscience a complètement disparu. Une
véritable collaboration s'établit entre ces deux ordres
d'activité mentale. Les éléments inconscients de
l'esprit se combinent pour former des idées qui jail-
lissent comme des clartés soudaines, pour faire
surgir des sentiments irraisonnés (antipathies et
sympathies invincibles, etc.), ou pour produire des
mouvements de toutes sortes (phénomènes attribués
à l'*attention expectante*, spiritisme, suggestion, etc.).
A un moment donné, les forces conscientes de l'esprit aperçoivent le travail accompli par l'inconscient
et utilisent ses résultats. Des problèmes scientifiques
et esthétiques se résolvent parfois de cette façon, et
les problèmes mnémoniques très ordinairement.

entièrement. Le sentiment de l'unité personnelle s'accroîtrait et se fortifierait en raison directe du perfectionnement apporté par une longue habitude aux diverses combinaisons dont se montrent susceptibles les signes de cette écriture à la fois micro et sténographique.

Au contraire, le dédoublement et la pluralité du « moi » ne tarderaient pas à se produire si les abréviations symboliques du « non-moi » restaient éparpillées ou insuffisamment liées entre elles. La micrographie du cosmos se troublerait alors de plus en plus et deviendrait en certains cas absolument illisible.

Mais si le « moi » ne sert qu'à concentrer ou à condenser, pour ainsi dire, le « non-moi » qu'il représente d'une façon plus ou moins durable et efficace, l'idéaliste conséquent, le philosophe qui voit dans le monde extérieur un simple produit de l'esprit, commet assurément une erreur sans rémission. Il prend les signes, et le plus souvent même les signes des signes, les caractères hiératiques de la raison, pour les choses et les relations que ces formules abstraites expriment et symbolisent.

En réalité, nulle science ne se préoccupe sérieusement du « sujet », sinon pour corriger telles ou telles erreurs qui pourraient se glisser de ce chef dans la connaissance de l' « objet » ; nulle science, excepté celle, toutefois, qui étudie l'appareil micrographique lui-même et sa fonction spéciale. Mais, en revanche, pour la psychologie, si souvent confondue avec la philosophie, l'analyse du « moi » offre la plus haute importance. Le « sujet » et ses conditions remplissent ici presque entièrement l'angle visuel de l'observateur; et le terme d'idéalisme qui, par malheur, ne s'emploie jamais en un tel sens, conviendrait fort bien à cet état mental.

On obtient les mêmes conclusions par les voies de la logique pure.

En effet si, logiquement parlant, le « moi » et le « non-moi » apparaissent comme deux espèces distinctes du même genre « être » ou « existence », et si, par suite, les caractères particuliers du « sujet » diffèrent des caractères spécifiques de l' « objet », leurs attributs généraux coïncident nécessairement. En tant qu'abstraction pure, le « moi » se laisse donc réduire au « non-moi », considéré également *in abstracto*, et vice versa.

Soutenir que la première idée diffère *par essence* de la seconde est un paralogisme. Dans la langue hiératique de la philosophie, comme dans le langage démotique du vulgaire, le terme « essence » désigne des attributs communs à plusieurs espèces d'un seul genre et dont l'identité ne peut se dénier dans toute opposition vraiment générale ou abstraite. L'esprit humain ramène toute chose à l'idée de cette chose, ce qui, traduit en termes psycho-physiologiques, signifie que l'appareil cérébral condense toute excitation extérieure ou excentrique dans l'excitation intérieure centrale et inconsciente, et celle-ci dans l'excitation intérieure périphérique et consciente.

Il s'ensuit que l'esprit humain ne peut rationnellement aspirer qu'au monisme logique. La réduction des choses à leurs idées est la seule réduction possible des choses entre elles, la seule qu'acceptent les sciences de la nature extérieure, la

seule enfin qui convienne à la psychologie
ou à la sociologie.

La science vise et atteint les caractères essentiels ou communs, les cas
appelés généraux. Elle ne s'adresse aux
cas concrets et particuliers que pour en
extraire des idées, des notions générales.
En ce sens encore, d'ailleurs peu usité,
la science se révèle fatalement ainsi qu'un
idéalisme inéluctable.

IV

Récapitulons cette controverse.

La conscience, toujours personnelle,
toujours subjective, sert à coordonner, à
grouper entre eux les faits ou les événements dont la foule incohérente envahit
du dehors, à chaque coulée du temps, un

cerveau normal. Quant à ces événements eux-mêmes, il est loisible d'y voir des effets de la cause appelée « univers » et, par suite, des indicateurs, des représentants, des remplaçants de cette cause.

La conscience apparaît ainsi comme une sténographie naturelle du cosmos. Mais de même que la sténographie ordinaire se compose d'une série de mouvements abrégés substitués à une série de mouvements plus étendus (écriture habituelle, voix, etc.), de même la sténographie cosmique constitue une véritable algèbre de l'univers qu'elle doit symboliser. Au reste, dans les deux cas, la substitution ne devient possible que par l'identité de nature des choses représentées et des symboles représentatifs.

On peut objecter que nous tombons ici dans un idéalisme qui nous ramène direc-

tement à Platon et aux réalistes du moyen
âge.

Aussi bien que l'accusation de matérialisme, ce reproche semble puéril et peu
fondé; ou plutôt les deux objections se
lient entre elles et appuient par là notre
thèse. Elles prouvent de façon péremptoire
le vide absolu de toutes les formules métaphysiques.

Le physiologiste, avons-nous dit quelques pages plus haut, accepterait volontiers l'hypothèse de l'idéaliste, si elle se
laissait démontrer par l'expérience. Nous
pouvons affirmer maintenant que les faits
réalisent notre supposition. Le physiologiste admet les deux hypothèses.

Il ne commet pas l'erreur du matérialiste; il ne confond pas le « moi » avec le
« non-moi », la forme avec le contenu, la
pensée avec la chose pensée; il ne déclare

pas que la matière est tout, et l'idée —
rien, si elle n'est pas la matière.

Mais il ne s'inféode pas non plus à l'illusion de l'idéaliste qui affirme... absolument la même chose, en transposant
les termes de l'équation, en soutenant que
l'esprit, l'idée, le moi sont tout, et que
l'univers, la matière, le non-moi ne sont
rien s'ils ne sont pas l'idée. A la confusion
réelle inséparable du monisme transcendant, il oppose l'identité idéale poursuivie
et atteinte par le monisme logique dans la
science comme dans la philosophie.

D'autre part, cependant, le physiologiste convient avec le dualiste qu'il existe,
entre l'idée et le fait, une distinction ur-
gente, nécessaire, précieuse. Mais, au
rebours du dualiste qui proclame l'irréductibilité de cette différence, il reconnaît
aussi avec le moniste la probabilité beau-

coup plus grande de l'hypothèse contraire.
Il pose hardiment cette hypothèse et tâche
de la vérifier.

Nous voyons ainsi le savant spécial accepter une série entière de suppositions
qui se contredisent et s'opposent dans la
philosophie pure, mais qui dans la science,
sur le terrain des faits concrets et individuels, semblent se développer sans se
détruire mutuellement. Ne serait-il donc
qu'un philosophe éclectique dans la pire
acception du terme?

En aucune façon. Il ne s'agit pas ici le
moins du monde d'éclectisme, de la méthode qui consiste à manquer de méthode,
du raisonnement qui consiste à enfreindre
les lois de la logique en laissant les contradictions les plus notoires vivre paisiblement les unes à côté des autres. Il
s'agit d'une synthèse non seulement expé-

rimentale, mais encore rationnelle en soi.
Le métaphysicien ajoutera ou n'ajoutera
point créance à cet accord; il se refusera,
en tout cas, à le raisonner.

Rien de plus naturel qu'une telle fin de
non-recevoir. L'agnosticisme, comme la
religiosité — avouons-le franchement —
se complaît toujours en une ignorance
présomptueuse qui suppose à jamais inexplicables les phénomènes et les relations
qu'elle n'explique pas.

Le métaphysicien sincère ne peut admettre la conciliation du monisme et du
dualisme, dans le problème du moi et du
non-moi, du sujet et de l'objet, ni la conciliation des deux formes opposées du monisme, le matérialisme et l'idéalisme.
Aujourd'hui, personne ne discute ce
point; et s'il semble qu'on ait pensé
différemment autrefois, cela doit s'impu-

ter au langage inexact de la philosophie.

En réalité, la transaction poursuivie se bornait au rejet pur et simple de l'opinion adverse, et la synthèse qu'on désirait mettre en formule ne dépassait pas la thèse ou l'antithèse, considérées à tour de rôle comme le terme unique et supérieur.

Ces difficultés disparaissent presque totalement pour le psychologue ou le physiologiste. N'ayant affaire qu'à l'inconnu, ne trouvant jamais sur sa route l'inconnaissable, il n'abandonne aucun problème capable de rentrer par un point quelconque dans le cadre de ses recherches. L'inconcevable ne garde pour lui qu'un seul sens, celui de l'absurde. Il estime, par suite, que tout problème devient soluble, non pas seulement quand il se pose de manière à pouvoir être résolu — truisme digne de La Palisse et de ses nombreux disciples, abstracteurs de second et de troisième ordre, — mais parce que, selon lui, tout problème peut effectivement se poser de manière à amener sa propre solution.

Il faut, pour cela, le spécialiser, le rendre accessible à l'expérience directe ou indirecte.

Ainsi procèdent, en effet, le psychologue et le physiologiste à l'égard des deux hypothèses monistiques et de l'hypothèse dualiste. Ils élucident les conditions d'existence nécessaires à la différenciation qui — nous l'avons montré, — après avoir établi dans les esprits simples l'antithèse du Créateur et de la créature, devient de plus en plus consciente dans les esprits façonnés par la culture scientifique. Elle finit par y déterminer l'antithèse du phénomène et de son substratum, et celle-ci se substitue à la première différenciation ou se range seulement à ses côtés.

La pensée du métaphysicien s'exerce à vide. Elle s'attache à concilier des suppositions arbitraires et soustraites à toute expérience.

Comment, d'ailleurs, chercher leur harmonie, leur synthèse, leur unité suprême, puisque chaque hypothèse se donne, tour à tour, pour cette synthèse ou cette unité? L'agnosticisme n'est, à telle enseigne, que l'expression philosophique de ce raisonnement aussi simple que juste.

Le savant spécial — psychologue, sociologiste ou physiologiste — évitera sans peine une pareille impasse. Il refusera catégoriquement de reconnaître un caractère universel à l'antinomie qui, depuis des siècles, tient en suspens et désespère les imaginations spéculatives. Sous tous ses aspects — comme problème de Dieu, du substratum des choses, de l'infini, des causes premières et dernières, de l'extériorité de la conscience, de la réalité du monde objectif, etc., — cette antinomie se résoudra, pour lui, en une série de questions particulières, tantôt sociologiques et tantôt psychologiques ou physiologiques.

Pour lui, les deux hypothèses monistiques et l'hypothèse dualiste demeurent des schémas que circonscrivent d'une façon stricte les faits concrets. Dès lors, rien ne s'oppose à la recherche de leur synthèse, recherche qui reste, comme les données qu'elle tend à généraliser, exclusivement psychologique, physiologique ou sociologique.

Il suffira ici d'une brève esquisse retraçant les trois séries de faits précités — encore très problématiques — pour saisir de suite la différence qui sépare les hypothèses philosophiques et les hypothèses scientifiques. On comprendra que les premières seules soient irréductibles les unes aux autres, — conséquence logique de leur caractère invérifiable.

Pour résoudre l'antinomie du sujet et de l'objet, la psychologie, aidée par la physiologie et la sociologie, suppose trois sortes de faits. Les uns se rapportent à la transformation du mouvement cosmique inconscient en mouvement cérébro-cortical et conscient. D'autres ont trait à la valeur micrographique, symbolique ou représentative du mouvement cérébro-cortical lui-même, au rôle des idées conscientes dans la connaissance. Les troisièmes enfin visent la distinction physiologique entre les choses et les idées, et la distinction logique entre les idées des choses et les idées des idées, considérées comme deux espèces différentes d'idées.

Faut-il démontrer que ces trois ordres de faits s'assimilent entre eux, qu'ils peuvent donner lieu à des synthèses encore plus vastes, enfin que, vérifiables et réductibles les uns aux autres ou *généralisables*, ils composent la matière d'une science ou d'une série de sciences spéciales? On ne le conteste plus guère à présent.

Mais ne voit-on pas aussi que ces trois groupes reproduisent exactement les caractères essentiels du monisme matérialiste, du monisme idéaliste et de l'hypothèse dualiste?

Nous pouvons donc conclure encore une fois que la métaphysique étend avec hâte et généralise prématurément certains problèmes particuliers empruntés par elle à la science. Aussi ne réussit-elle qu'à les défigurer et à les rendre insolubles.

C'est en ces termes, selon nous, que

doit se poser et se discuter un des points
les plus controversés dans la théorie moderne de la connaissance.

Aucune des trois grandes écoles du siècle, criticisme, positivisme ou évolutionnisme, ne pressentit la tâche qui incombait
à la psychologie. Toutes trois entreprirent
de résoudre, avec les moyens dont dispose
la philosophie, un problème très défini.
Aucune ne put, par suite, franchir le cer-
cle vicieux où l'ancienne métaphysique et,
avant elle, l'antique théologie s'étaient
déjà débattues en vain.

L'hypocrisie agnostique, le retour au
supranaturalisme primitif à peine déguisé
sous les dehors de la science, furent le
résultat naturel , le châtiment mérité
d'une telle faute.

V

Le pseudo-mysticisme de nos jours [1]
offre un exemple très sensible de cet abâ-
tardissement de la pensée.

Il est, chez les fils, une expression
vivante, mais éphémère, un produit direct,
mais momentané, de la grande poussée
sceptique qui porta les pères, d'abord, du
criticisme idéaliste au positivisme matérialiste, et ensuite, de celui-ci vers l'évolutionnisme sensualiste. Et, comme l'agnosticisme dont il procède, mais avec des
façons à la fois moins dignes et plus puériles, il permet de constater à nouveau la

1. Dire le néo-mysticisme serait méconnaître la
forte part de simulation qui caractérise les élans de
l'âme moderne vers l'infini.

rare vitalité des conceptions maîtresses du passé.

La perte de si vieilles illusions a rempli le siècle entier d'un vague malaise. On se prend à regretter la quiétude des périodes écoulées, et l'on aspire à une règle immuable de conduite, à un code précis de vie individuelle et sociale. Ces regrets d'ailleurs semblent naturels, et ces exigences sont sans doute légitimes.

Mais où trouver le remède qui modifiera la situation?

Le spécifique mis à la mode par quelques esprits que domina longtemps, à leur insu peut-être, l'agnosticisme des écoles régnantes, s'y prouve manifestement inefficace.

Il se montre au reste pire que le mal, en ce sens qu'il condamne l'esprit humain à la déchéance cherchée et voulue.

Il consiste à faire revivre la plus folle antinomie qui ait jamais déshonoré la logique : la contradiction prétendue inconciliable entre les résultats de la *science* et les besoins de la *conscience* humaine.

La science est représentée comme superbe et indifférente, comme neutre et immorale. Elle demeure, assure-t-on, obstinément muette sur le problème des destinées de l'homme et avoue son impuissance totale à résoudre certaines questions qui préoccupent pourtant au dernier point l'individu et l'espèce.

Mais de quelle sorte de savoir nous parle-t-on à la fin? Et de quelle indolence d'esprit ne faut-il pas être doué pour refuser de comprendre combien absurde est cette manière de poser la question? Autant vaudrait exiger de la mathématique, par exemple, qu'elle traite les problèmes chi-

miques, et la stigmatiser plus tard comme
science indifférente, neutre et *antichi-
mique* par excellence. La chimie deviendrait à son tour antibiologique, et ainsi du
reste des sciences.

Dans les questions de pure morale, la
neutralité absolue des sciences du monde
extérieur, des sciences dites exactes ou
naturelles, leur insuffisance notoire en ce
qui touche « le mot d'ordre pour la vie »,
ou, si l'on veut forcer les termes, leur
immoralité [1] évidente, tout cela s'entend
facilement, tout cela rentre dans la définition même de la science particulière.

Et leur hautaine indécision, remarquez-le
bien, n'empêche nullement ces disciplines
d'offrir une base solide, le seul fondement
possible à la superstructure aujourd'hui

---

1. *Amoralité* est le mot juste.

à peine ébauchée qu'on désigne sous les noms divers de psychologie, de droit, d'économie, d'éthique, etc.

Mais, dans les problèmes qu'elles soulèvent, la neutralité de ces sciences en formation, l'immoralité de la morale, par exemple, cela ne se conçoit plus du tout, et cela frise vraiment de trop près le paradoxe illicite, parce qu'illogique. A moins cependant que nos adversaires ne soient à ce point convertis à la doctrine de l'identité des contraires, que la moralité pure leur apparaisse comme l'immoralité transcendante et vice versa !

Qu'on commence donc par défaire la grande œuvre du xviiiᵉ siècle déjà pressentie par le xviᵉ et continuée, sinon considérablement avancée par le xixᵉ; qu'on démontre le néant des espoirs fondés sur la spécialisation, par la science, des

recherches psychologiques et sociologiques; qu'on fasse enfin toucher du doigt
l'impossibilité, pour ces études, de jamais
égaler leurs devancières dans l'ordre hié-
rarchique du développement des connaissances humaines!

Alors seulement, sans crainte de confondre les sciences qui s'émancipent avec
la philosophie caduque qui veut les re-
tenir sous son joug, et sans déroger au
respect dû aux lois fondamentales de la
logique, nous pourrons discuter sur la légi-
timité d'une résurrection des anciennes
croyances, et aussi sur l'urgence d'une ré-
novation morale et sociale qu'apporterait
au monde le réveil des idées religieuses.

FIN

TABLE DES MATIÈRES

Coulommiers. — Imp. Paul BRODARD.

BIBLIOTHÈQUE DE PHILOSOPHIE CONTEMPORAINE

90 volumes in-18, brochés   2 fr. 50 c.

H. Taine.
L'idéalisme anglais.
Philos. de l'art dans les Pays-
Bas. 2ᵉ édit.
Philos. de l'art en Grèce. 2ᵉ éd.

Paul Janet.
Le Matérialisme cont. 5ᵉ éd.
Philos. de la Rév. franç. 4ᵉ éd.
St-Simon et le St-Simonisme.
Les origines du socialisme
contemporain. 4ᵉ édit.
La philosophie de Lamennais.

Alaux.
Philosophie de M. Cousin.

Ad. Franck.
Philos. du droit pénal. 3ᵉ éd.
Rapports de la religion et de
l'Etat. 2ᵉ édit.
Philosophie mystique au
xviiiᵉ siècle.

E. Saisset.
L'âme et la vie.
Critique et histoire de la
philosophie.

Charles Lévêque.
Le Spiritualisme dans l'art.
La Science de l'invisible.

Auguste Laugel.
Les Problèmes de la nature.
Les Problèmes de la vie.
Les Problèmes de l'âme.
L'Optique et les Arts.

Challemel-Lacour.
La Philos. individualiste.

Charles de Rémusat.
Philosophie religieuse.

Albert Lemoine.
Le Vital. et l'Anim. de Stahl.

Milsand.
L'Esthétique anglaise.

Beaussire.
Antécéd. de l'hégélianisme.

Bost.
Le Protestantisme libéral.

Ed. Auber.
Philosophie de la Médecine.

Schœbel.
Philos. de la raison pure.

Ath. Coquerel fils.
La Conscience et la Foi.

Jules Levallois.
Déisme et Christianisme.

Camille Selden.
La Musique en Allemagne.

Fontanès.
Le Christianisme moderne.

Saigey.
La Physique moderne. 2ᵉ tir.

Mariano.
La Philos. contemp. en Italie.

E. Faivre.
De la variabilité des espèces.

J. Stuart Mill.
Auguste Comte. 4ᵉ éd.
L'utilitarisme. 2ᵉ édit.

Ernest Bersot.
Libre philosophie.

W. de Fonvielle.
L'astronomie moderne.

E. Boutmy.
Philosophie de l'architecture
en Grèce.

Herbert Spencer.
Classification des scienc. 4ᵉ éd
L'individu contre l'Etat. 2ᵉ éd.

Ph. Gauckler.
Le Beau et son histoire.

Bertauld.
L'ordre social et l'ordre moral.
Philosophie sociale.

Th. Ribot.
La psychol. de l'attention.
La Philos. de Schopen. 4ᵉ éd.
Les Mal. de la mémoire. 7ᵉ éd.
Les Mal. de la volonté. 7ᵉ éd.
Les Mal. de la personnalité 4ᵉ éd.

Hartmann (E. de).
La Religion de l'avenir. 2ᵉ éd.
Le Darwinisme. 3ᵉ édition.

Schopenhauer.
Essai sur le libre arbitre. 5ᵉ éd.
Fond. de la morale. 4ᵉ éd.
Pensées et fragments. 10ᵉ éd.

L. Liard.
Logiciens angl. contem. 3ᵉ éd.
Définitions géométriques. 2ᵉ éd.

H. Marion.
Locke, sa vie et ses œuvres

O. Schmidt.
Les sciences naturelles et
l'Inconscient.

Barthélemy-St Hilaire.
De la métaphysique.

Espinas.
Philos. expérim. en Italie.

Siciliani.
Psychogénie moderne.

Leopardi.
Opuscules et Pensées.

A. Lévy
Morceaux choisis des philosophes allemands.

Roisel.
De la substance.

Zeller.
Christian Baur et l'Ecole de
Tubingue.

Stricker.
Le langage et la musique.

Ad. Coste.
Conditions sociales du bonheur et de la force. 3ᵉ éd.

A. Binet.
La psychol. du raisonnement.

Gilbert Ballet.
Le langage intérieur. 2ᵉ éd.

Mosso.
La peur. 2ᵉ édit.

G. Tarde.
La criminalité comparée. 2ᵉ éd.

Paulhan.
Les phénomènes affectifs.

Ch. Féré.
Dégénérescence et criminal.
Sensation et mouvement.

Ch. Richet.
Psychologie générale. 2ᵉ édit.

J. Delbœuf.
La matière brute et la matière
vivante.

Vianna de Lima.
L'homme selon le transformisme.

L. Arréat.
La morale dans le drame. 2ᵉ éd.

A. Bertrand.
La psychologie de l'effort.

Guyau.
La genèse de l'idée de temps.

Lombroso.
L'anthropologie criminelle.
2ᵉ éd.
Nouvelles recherches de psy-
chiatrie et d'anthropologie
criminelles.

Tissié.
Les rêves (physiol. et path.).

B. Conta.
Fondements de la méthaphys.

J. Lubbock.
Le bonheur de vivre, (2 vol.)

I. Maus.
La justice pénale.

E. de Roberty.
L'Inconnaissable.
Agnosticisme.

R. Thamin.
Education et positivisme.